저를 기억하시고 아껴주시는
고마우신 분들에게

봄의 온기를 가득 담아 이 책을 보내드립니다.
온몸에 만물의 따뜻한 기운을 흠뻑 받으시고,
가정에 행복이 가득하시길 기원드립니다.

출판을 천직으로 생각하고 30여 년 한길을 달려오면서
수천 권의 책을 만들었지만
힘들다고 생각해본 적도 별로 없었고
그저 서점 매대에 놓여 있는 저희 책이 자랑스럽기만 했는데,

저의 생각을 담아내기가 이렇게 힘이 들고
졸저를 내밀기가 이리도 무안한지,
부끄럽고 죄송스러운 마음에 몸 둘 바를 모르겠습니다.
고치고 또 고쳐도 선뜻 내밀기 송구스러웠으나
마침 저희 아이의 결혼식을 핑계 삼아
염치 불고하고 감히 보내드립니다.

2014년 3월　　　최 태 웅　배상

나는 태도로
운명을
움직인다

동양books

나는 태도로
운명을 움직인다

48살에 고3이 된 CEO, 김태웅의 인생 역전 스토리

동양books

일러두기

＊ 이 도서는 2011년 2월 7일자로 출간한 『김 형의 청춘 고함』의 내용을 대폭 수정·보완하여 다시 출간
한 것임을 밝힙니다.
＊ 도서명은 『　　』, 곡명이나 시 제목은 '　　', 언론사와 기타 프로그램 제목 등은 〈　　〉로 표기를 통일
하였습니다.

인내는 쓰지만 그 열매는 달콤하다는 평범한 교훈,
내가 스스로 내딛는 발걸음만큼 꿈과 가까워지고
절망과는 멀어진다는 너무나 흔한 말.
그런데 내가 이 진리들의 이름을 불러주자 그것들이
내 가슴에 들어와 꽃이 되어주었다.

나를 오늘로 이끈 건 태도의 힘이다

고생을 사서 한 이유

신문팔이, 껌팔이, 아이스크림 장수, 토스트 장수 그리고 선생님들의 구두를 닦으면서까지 학비를 벌어 대학에 가고 싶었지만 나는 싸움질을 하고 조직(?)을 결성했다는 이유로 퇴학을 당했다. 고등학교 중퇴. 그것이 48년 동안 나를 따라다닌 학력의 전부였다.

처음에는 학교에서 퇴학당했다는 사실을 받아들이기 너무 힘들어 스스로 동맥을 끊고 죽음의 문턱에 이른 적도 있었다. 그 당시 나는 고통을 이겨내기 위해 많은 멘토들에게 답을 구해봤지만 그들은 언제나 이런 말들을 했다.

"삶은 그 자체가 고통이다."

"그러니 고통을 즐길 줄 아는 사람이 돼야 한다."

이런 말들을 들을 때마다 나는 속으로 생각했다.

'이 미친놈아, 너 잘났다. 너도 한번 나처럼 살아봐라. 그런 소리가 나오나.'

세상에 대한 분노가 많았던 내 귀에는 그런 말들이 하나도 들어오지 않았다. 그런데 아이러니하게도 40년이 가깝게 흐른 지금, 이제는 내가 그런 비슷한 말을 하면서 강의료를 챙기고 있다.

"왜 그렇게 고생을 사서 하세요?"

고등학교 중퇴 학력으로도 악착같이 살아남아 어느 정도 성공한 출판사 대표가 된 내가 마흔여덟 살에 다시 고 3으로 복학하겠다고 선언했을 때, 사람들로부터 가장 많이 들었던 질문은 바로 이것이었다. 그런데 나는 내 능력의 한계를 실험하고 싶었다.

세계적인 단거리 육상 선수, 제임스 스미스는 시각장애인임에도 우수한 성적을 거두어 유명해졌는데 "앞이 안 보이는데 잘 달리는 비결이 뭐라고 생각하세요?"라고 묻는 기자에게 이렇게 답한 적이 있다.

"반복 또 반복해서 달리면서 내 몸이 그것을 기억하게 만드는 게 비결이라면 비결인 것 같아요."

그러면서 그는 이렇게 덧붙였다.

"저는 제 몸이 어디까지 견딜 수 있는지 그 한계를 실험해보고 싶었어요."

나는 정말 그의 말처럼 내 한계가 어디까지인지 알고 싶었다.

그리고 한 단계 한 단계, 한계를 이겨내기 위해 반복 또 반복해서 공부하면서 내 두뇌가 그것을 기억하도록 노력했던 것 같다. 물론 나이라는 한계를 이겨내는 과정은 고통스러웠다. 공부를 다시 시작하고 7년 동안 내내 육체적으로 힘들었고, 언제나 시간에 쫓겼고, 다 늙어서 두 남자 입시 공부 뒷바라지하게 만든다는 아내의 원망을 들어야 했다.

공자님은 '배우고 때로 익히면 즐겁지 아니한가'라고 말씀하셨지만 그 참된 맛을 깨닫기까지 나는 오랫동안 힘든 세월을 보내야 했다. 하지만 마치 김춘수 님의 '꽃'에 나오는 구절처럼 그렇게 고통스럽던 '공부'가 언제부터인가 나에게 '꽃'이 되어 활짝 피어나는 귀한 경험을 하게 되었다. 그렇게 힘들게 공부하는 동안 전교 1등도 해봤고, 원하던 대로 성균관대학교에 합격했고, 남부럽지 않은 성적을 거두면서 졸업장을 받는 결과로 이어졌다.

이런 나를 보면서 '무서운 놈', '독한 놈', '별난 놈'이라며 혀를 내두르는 친구들도 많지만 나는 누구에게나 이만한 잠재력은 있다고 생각한다. 그리고 '나'라는 사람은 그저 그 잠재력을 표출하기 위해 애쓴 사람 중 하나일 뿐이라고 이야기하고 싶었다. 또한 그 잠재력을 현실에 펼쳐내기까지 그 어떤 조건이나 스펙보다 '삶을 보는 태도'가 지대한 영향을 미쳤다는 것을 좀 더 많은 사람들과 공유하고 싶었다.

열정, 도전, 행동, 성실, 인내, 용기, 소통 이상 이 책에 등장하는 일곱 가지 태도는 내가 의도적으로 계획해서 실천한 것들이 아니

  나는 태도로 운명을 움직인다

다. 어떤 사람의 하루를 관찰해보면 그 사람의 인생을 어느 정도 파악할 수 있다는 말이 있듯이, 그저 하루하루를 최선을 다해 살다 보니 이런 태도가 몸에 배어 있는 나 자신을 발견할 수 있었을 따름이다.

더 넓고 깊어져라

누군가 나에게 대학교를 졸업한 이후 무엇이 달라졌느냐고 묻는다면 역시나 삶을 바라보는 태도가 바뀌었다고 답하고 싶다. 예전에는 그저 못 배운 게 서럽고, 남들에게 뒤지는 게 싫어서 악착같이 공부에 매달렸다면 지금은 그보다 더 넓고 깊은 공부를 하고 있다고나 할까.

'높이 나는 새가 멀리 본다'는 것에만 매달리는 공부는 진짜 공부가 아니다. '낮게 나는 새는 땅을 더 자세히 볼 수 있어 먹이를 잘 찾는다'는 것도 알아야 진짜 공부다. 학은 날아서, 말은 뛰어서, 굼벵이는 기어서 자기 자리를 찾아간다. 사람이나 동물이나 제각기 자기만의 특징과 달란트를 갖고 있다는 것을 우리는 인정해야 한다. 이런 깨달음이 있기까지 치열하게 살았던 나의 과거를 담고 있는 이 책을 다시 보니 부끄럽기 짝이 없다.

나에게 영감을 주었던 모든 스승들, 아버지뻘인 나에게 '형'이라고 부르며 들이대던 05학번 동기들, 강의 때마다 초롱초롱한 눈빛으로 내 이야기를 들어주던 학생들, 그리고 직업병과 강박증이 심해 주말에도 출근하느라 언제나 혼자 놀아야 했던 아내. 그들이 없었다면 지금의 나도 존재하지 못했을 것이다. 나의 경험담이 어떤 누군가에게 단 한 줄의 용기와 희망을 줄 수 있다면 저자로서 그보다 더한 기쁨은 없을 것이다.

열정

;절망을 이기는 힘

이 세상에서
열정 없이
이루어진
위대한 것은
아무것도 없다.

_게오르크 빌헬름

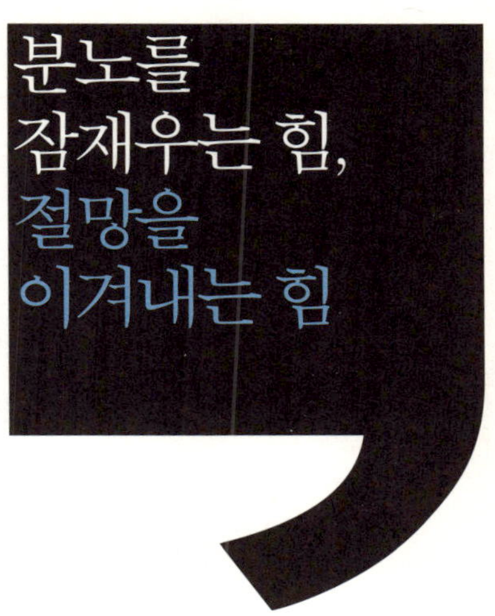

나는, 방황 9단(彷徨九段)이었다

여느 때처럼 교복을 차려입고 가방을 들고 집을 나섰다. 친구들과 인사를 나누면서 교문리 아차산 8부 능선에 있는 언덕길을 따라 학교로 올라갔다. 수위실이 보이고 정문이 눈앞에 나타나자 그때서야 내가 퇴학당했고 배정받은 교실조차 없다는 사실을 깨닫고 멈춰 섰다. 봄방학 때 당한 조치라 퇴학당한 사실을 모르는 동급생들이 빨리 가자고 채근했다. 하지만 나는 아무 대답도 못 하고 그냥 그 자리에 서서 얼어붙고 말았다. 나를 잘 아는 수위 아저씨가 빨리 안 들어가고 뭐 하느냐고 소리치면서 손짓을 했다. 알 수 없는 분노와 슬픔이 엄습하면서 눈물이 핑 돌아 매일 보던 학교의 풍경조차 점점 흐릿해지기 시작했다. 그런 나를 보던 수위 아저씨가 인터폰을 들고 한동안 누군가와 통화를 하더니 조용히 다가와 나를 수위실 안으로 데리고 들어갔다. 그러자 나는 아저씨를 끌어안고 오열하기 시작했다. 아버지가 돌아가셨을 때도 그렇게 슬피 울지는 않았다. 밤을 지새우며 자식들을 위해 삯바느질을 하시던 어머니. 꼭 대학에 가서 훌륭한 사람이 되어야 한다고 말씀하셨는데……. 어머니의 꿈을 실현해드리지 못하고 결국 이렇게 꿈을 접어야 한다는 생각에 내 가슴은 학교에 대한 분노, 선생님에 대한 원망으로 터질 것 같았다.

대학에 가야 된다는 일념으로 신문을 팔고, 아이스크림을 팔고 지하철과 버스에서 껌을 팔며 살았던 나. 배가 고파도 참으며 오로지 학비를 벌어야 한다는 생각에 악착같이 살았던 나이건만, 지난 여름방학에 싸움을 했다는 이유로 퇴학을 시키다니…….

삶에 관한 한 어쩌면 우리 모두는 바보인지도 모른다. 실수하고 후회하고 잘못 판단한 이후에야 깨닫고 후회하는 바보. 넘어지고 좌절하면서 겨우겨우 조금씩 지혜를 터득해가는 바보 같은, 둔치 같은 존재들. 나도 예외는 아니었다. 나의 생각과 의지와는 무관하게 일어난 그 사건이 이토록 내 인생을 괴롭힐 줄은 꿈에도 몰랐다. 내 인생의 방향타를 바꿔버린 그 사건은 1977년 3월 고등학교 3학년 선배들의 졸업식이 끝날 무렵에 벌어졌다.

이제 곧 나도 최고 선배가 된다는 생각에 설레 있을 때였다. 갑자기 교무실에서 담임선생님의 호출이 왔다. 선생님은 종이와 연필을 주더니 지난 여름방학 때 학암포 바닷가에서 벌어진 일들을 그대로 쓰라고 했다. 그리고 내가 회장이었던 모임, '횃불클럽'을 결성한 이유와 그동안 있었던 일들의 전모를 낱낱이 밝히라고 했다. 횃불클럽은 후배 세 명과 친한 동기들이 우정을 함께하자고 결성한 단순한 친목 모임이고 일명 '학암포 사건'은 동네 불량배들이 시비를 걸어 어쩔 수 없이 벌어진 싸움이라고, 나는 솔직히 썼다. 하지만 6개월 전에 일어난 이 사건을 빌미로 나를 벼랑 끝으로 몰아붙이던 선생님은 냉혹하게도 자퇴를 요구했다.

"모든 걸 네가 책임진다면 다른 아이들한테는 관대하게 처분하겠다."

이런 말로 회유 아닌 회유도 했다. 그러면서 이런 말까지 덧붙였다.

"너만 내보내면 학교가 조용해질 거다."

어찌된 영문인지 나는 교내 왈패들의 두목쯤으로 지목되어 있었다. 요즘 표현으로 일진회 '짱'이 되어 있었던 것이다. 학교 측에서는 이미 나를 퇴학 조치하고 서클의 멤버들 몇몇은 중징계를 내리는 쪽으로 가닥을 잡고 있었다.

시퍼렇던 유신 말기의 상황이 일반 고등학교에도 영향을 미쳐, 학교 내의 모든 비공식 서클에 철퇴가 가해지고 있었다. 그런 분

위기에 본보기로 내세울 희생양이 필요했고, 우리가 제물로 바쳐졌다는 느낌이 확실했다. 자퇴를 거부하거나 반박할 기회 따위는 주어지지 않았다. 단지 수용해야 했다. 하지만 나는 무슨 일이 있어도 자퇴만은 하지 않겠다고 버텼다. 결국 서클의 후배들과 동기 대부분은 권고 전학을 가게 되었고, 나에게는 퇴학이라는 처분이 내려졌다. 나는 그 사건에 대한 정확한 해명이나 근신의 기회마저 얻지 못한 채, 그저 학교 측에 의해 교문 밖으로 내몰렸다.

세상이란 바다에 열정이란 그물을 던져라

그러나 차마 어머니께 퇴학당했다는 말씀은 드릴 수가 없었다. 열심히 공부해서 성공하기를 바라는 어머니의 간절한 바람대로 공부 열심히 해서 대학에 가는 것이 목표였는데, 고등학교 졸업조차 하지 못하게 되자 나는 큰 실의에 빠졌다. 그렇다고 언제까지 어머니께 비밀로 할 수만은 없는 노릇이었다. 그래서 얼마 지나지 않아 모든 것을 털어놓았다. 젊은 나이에 남편을 잃고 오직 자식들 뒷바라지로 온갖 궂은일도 마다하지 않고 생활을 꾸려오신 어머니가 그때 받으신 충격이란, 차마 말로 표현하기가 힘들 정도였다. 어머니는 담임선생님과 생활지도 선생님을 며칠 동안이나 찾아가서 아들의 복학을 위해 눈물을 흘리시며 용서를 빌었지만 한 번 결정된 사항은 번복되지 않았다. 그러자 어머니는 나보다 더 기력을 잃으셨다. 그런 어머니의 얼굴을 뵐 수가 없어서 절망한 나는 자포자기 상태에서 동맥을 끊고 자살 시도까지 했으나 어머니께 발견되어 구사일생으로 살아났다. 그렇게 큰 사건을 겪은 이후, 더 이상 이렇게 살면 안 된다는 생각이 들기 시작했다. 뭐든 새로 시작하자는 내면의 목소리가 들렸던 것이다.

이후 나는 성남직업훈련원(한국폴리텍대학의 전신)이라는 곳에서 1년 과정 국비 훈련생을 모집한다는 광고를 구리 시청 앞 게시판에서 보게 되었고, 선반기능인이 되고자 1기 원생으로 지원하고 합격을 하게 되었다. 중학교 졸업 이상이면 지원 자격이 있었기 때문에 전국에서 별의별 사람들이 다 모여들었다. 입학하는 모든 사람들은 기숙사 생활을 의무적으로 해야 했는데 대부분의 훈련생들이 이것을 힘들어했다. 그러나 나는 오히려 그 반대였다. 나라에서 먹여주고 입혀주고 기술까지 가르쳐주니 그보다 더 좋을 수가 없었다. 게다가 약간의 용돈까지 주는 것이 아닌가! 그래서 나는 적극적으로 학업에 임했고 원생들과 친목을 다짐으로써 제1회 성남직업훈련원 연대장이 되었다. 한 달에 한 번 외박이 허락되었는데 첫 번째 외박 때 훈련원에서 주는 생활비로 어머니께 과일과 함께 약간의 용돈도 드릴 수 있었다. 그 돈을 받고 서럽게 우시던 어머니의 모습이 아직도 눈에 선하다.

이곳에서 나는 선반기능사 2급 국가 자격증을 땄다. 그러나 거기에 안주하기에 나는 너무 젊었다. 내 마음속은 체험해보지 못한 새로운 세계로 나아가려는 열정으로 가득 차 있었다. 그 열정의 힘이 나를 도전하게 만들었다. 새로운 세계를 향한 문을 끊임없이 두드리게 만들었다. 만약 그것이 없었다면 지금의 나와 동양북스라는 출판사는 존재하지 않았을 것이다.

세상에는 그저 주어진 환경에 적응해서 열심히 사는 사람이 있는가 하면, 마음속에 꿈을 간직한 채 현재의 환경에서 더 나은 환경으로 나아가기 위해 끊임없이 열정을 쏟는 사람이 있다. 뭔가를 시작할 때 두 사람은 별 차이가 없는 것 같지만, 나중에 시간이 흐른 이후에 보면 엄청난 차이를 발견할 수 있다. 꿈을 가슴에 품고 자기 것으로 만들기 위해 끊임없이 노력하는 사람은 그렇지 않은 사람보다 훨씬 성취도가 높고 만족스러운 삶을 살아간다. 또한 자신의 분야에서 일가를 이룬 사람들, 성공했다고 일컫는 사람들을 살펴보면 현실을 원망하는 마음이 앞서지 않는 것이 특징이다. 그러기에 앞서 우선 모든 일에 적극적이고 긍정적이다. 그 당시의 나도 그랬던 것 같다. 얼마 동안의 시간이 흐른 뒤 나는 더 이상 학교의 처분을 원망하지 않게 되었다. 지난 일에 대해서 생각한다는 것이 나 자신에게 전혀 도움이 되지 않는다는 사실을 깨달았기 때문이다. 고생하는 어머니를 생각해서라도 그 일들은 하루라도 빨리 털어버리고 싶었다. 또 그 사건을 통해서 사회가 호락호락하지 않은 곳이라는 것도 깨달았고, 더 이상 실수를 반복하지 않기 위해 나 자신을 좀 더 강하게 다잡아야겠다는 생각도 하게 되었으니, 얻은 것 또한 적지 않았다. 나를 이렇게 생각하게 만든 건 내 안에 샘솟는 열정의 힘이었다고 생각한다. 열정은 모든 일들의 뿌

   나는 태도로 운명을 움직인다

리이다. 그것이 없었다면 도전 정신을 가질 수도, 목표를 정할 수도 없었을 것이다. 그러므로 성공하고 싶다면, 자기 자신에게 부끄럽지 않은 삶을 살고 싶다면 세상이란 바다에 열정이란 그물을 던져보자. 그리고 당기고 또 당겨라. 당신의 목표가 보일 때까지.

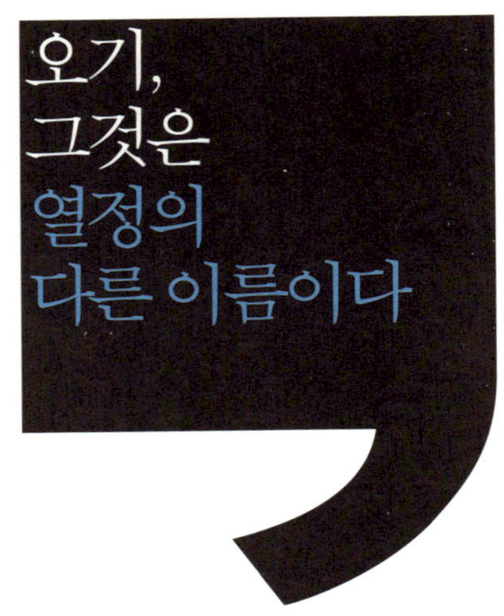

나를 쫓아냈던 곳에 다시 문을 두드리다

기어코 우리 과에서 3등을 했다. 내 나이 쉰세 살.

뒷머리와 목을 조이는 듯한 통증, 참을 수 없었던 날들의 연속이었다. 눈의 피로가 누적돼 생긴 비문증으로 눈동자 망막에 벌레 같은 것이 날아다닐 땐, 그냥 확 기절해버리고 싶을 때가 한두 번이 아니었다. 사람 나이가 쉰 살이 넘으면 머리에 석회질이 쌓여 더 이상 회전이 불가능하다더니, 웃자고 한 농담이 이렇게 서글픈

나는 태도로 운명을 움직인다

현실이 될 줄이야. 쉰 명도 안 되는 직원들의 이름도 얼른 기억이 나지 않아 가끔 헷갈리곤 하던 나. 그런 내가 그래도 해냈다. 목표를 향해 한 걸음 한 걸음 밟아간 노력이 고스란히 녹아 있는 성적표를 받아든 순간, 기억 속 필름들이 하나둘 스쳐 지나갔다.

30여 년 전 고등학교 지리 시간에 국가와 도시의 이름을 외우는 구술시험이 있었다. 반 친구 대부분이 외웠지만 나는 끝내 외우지 못해 체벌을 받았다. 그러나 상관없었다. 공부 못하는 것이 부끄럽지도 않았을뿐더러 포부 가득한 열정을 가진 동지들이 나와 함께하고 있었기 때문이었다. 세상의 빛과 소금이 되어보자는 거대한 목표를 가지고 시작한 교내 동아리 '횃불클럽'. 우리는 이 모임의 첫 번째 행사를 후배들과 함께하기로 하고 학암포가 있는 서해를 향한 버스에 몸을 실었다. 코끝을 스쳐오는 비릿한 바다 내음을 맡자마자 누가 먼저랄 것도 없이 바다로 뛰어들던 우리는 그것만으로도 마치 가슴 한가득 거대한 세상을 삼킨 것 같은 기분을 만끽하고 있었다. 그때만 해도 그것이 학창 시절의 마지막 추억이 될 거라는 건 꿈에도 생각하지 못했다.

그런데 해가 수평선을 넘어가고 흥이 무르익을 무렵 그 동네 불량배들이 시비를 걸었고 그에 맞서 패싸움이 벌어졌다. 나는 그날 어떤 상대에게 큰 상처를 입혀 결국 경찰서 신세를 지게 되었는데 나중에 그 사실이 학교에 알려져 고교 2학년을 끝으로 학교를 떠나게 되었다. 막막했다. 돌이킬 수 없는 현실, 더 이상 학생일 수 없는 반 토막짜리 청춘이라니……. 그때 난 언젠가는 나머지 반

토막을 꼭 내 손으로 채우리라 다짐하며 눈물을 삼켰고, 정확히 30년 후 복학을 결심했다. 사실 처음에는 나를 내쳤던 서울삼육고등학교에 다시 복학하고 싶은 마음이 없었다. 그냥 집 근처에 아들이 다니고 있던 광성고등학교로 가고 싶었다. 때마침 아들도 고3이 되던 해여서 함께 학교를 다니면 서로가 도움을 주고받을 수 있겠다 싶었다. 광성고등학교 진학 담당 선생님을 통해 교장 선생님께 의견을 여쭈었더니 흔쾌히 허락해주시기도 했다. 그런데 문제는 엉뚱한 데서 발생했다. 내 나름대로는 아들에게 아버지의 멋진 결심을 보여준답시고 이야기했더니 감격하기는커녕 내가 자기 학교에 복학하면 자신은 자퇴를 하겠다고 배수의 진을 치는 것이 아닌가. 내 마음을 몰라주는 아들에게 서운한 마음도 들었지만 한편으론 아들의 입장이 이해가 되기도 했다. 그래서 나는 장고에 장고를 거듭한 끝에 28년 전 나를 퇴학시킨 서울삼육고등학교에 다시 문을 두드렸다. 내 인생의 방향을 한순간에 꺾어버린 그곳. 바로 그곳에서 다시 새로운 삶을 만들어보고 싶었다. 신창근 교장 선생님을 만나 복학을 타진했더니 먼저 조건을 내세우셨다.

"교복을 입으셔야 하고 두발도 단정히 하시고, 0교시 수업, 자율학습 등등도 다른 학생들과 동등하게 참석하셔야 합니다. 교칙을 절대적으로 준수하신다면야 얼마든지 환영합니다만……."

교장 선생님은 아마도 이렇게 말씀하시면 내가 포기할 거라고 생각하셨던 듯하다. 하지만 그때 내 가슴은 열정으로 불타고 있었고 오기마저 서서히 저 가슴 밑바닥에서부터 끓어오르고 있었다.

 나는 태도로 운명을 움직인다

나를 퇴학시켰던 학교에서 기어코 고등학교의 마침표를 찍겠다는 약속. 나 자신과 그 약속을 한 나는 마흔여덟 살에 드디어 고등학생으로 돌아갔다.

오기, 열정의 다른 이름

꿈은 이루어질 때까지 꿈꾸는 사람을 가혹하게 한다고 했던가. 호기롭게 학교로 돌아갔지만 솔직히 내 마음은 불편하고 민망하기 이를 데 없었다. 3학년 6반 담임인 정상교 선생님은 나보다 한 학년 밑이었던 고등학교 후배였는데, 나이 먹은 늙은 학생을 데리고 1년을 함께해야 하니 얼마나 괴로울까 싶었다. 물론 아들보다 어린 아이들과 1년을 함께 지내야 하는 나도 눈앞이 캄캄하기는 마찬가지였다.

교복을 입은 까까머리 마흔여덟 살 늦깎이 학생. 거울 속 내 모습은 아무리 봐도 학생보다 수위 아저씨에 더 가까웠다. 교실 제일 앞자리에 앉은 늙수그레한 학생과 매일 눈길을 주고받아야 했으니 선생님들은 얼마나 힘드셨을까. 머리숱이 듬성듬성한 아버지 같은 사람의 뒤통수를 1년 동안이나 바라봐야 했으니 같은 반 학우들은 또 얼마나 괴로웠을까.

‘왜 하필 우리 반이냐고…….’

이런 목소리가 들리는 것 같아 나는 정말이지 죽을 각오로 열심히 했다. 하나라도 더 배우기 위해 선생님들의 말씀에 한 순간도 쉼 없이 귀를 기울였고, 가식이 아닌 진심으로 그분들을 모셨다. 하지만 공부는 만만치 않았다. 특히 영어와 수학 때문에 애를 먹었다. 복학을 앞두고 1년이나 개인 선생님을 모시고 과외를 했건만 여전히 어려웠다. 단어 암기가 얼마나 어려운지 어느 개그맨이 이야기했듯이 "안 해봤으면 말을 하지 마"라고 매 순간 외치고 싶었다. 방금 머릿속에 넣어놨는데 뒤돌아서면 저 멀리 날아가버리는 단어, 단어들……. 그것 때문에 분노를 삭이는 날들이 이어졌다. 10대 청춘의 반 토막을 40대 줄에서 찾으려니 몸도 피곤하고 기억력도 떨어질 수밖에……. 그런데 그럴수록 오기가 생겨났다. 이렇게 자책하려고 다시 학교로 돌아온 것은 아니지 않은가.

교복을 입은 내 모습이 날마다 새롭고 어색하게 느껴졌고 내가 있어야 할 자리가 아닌 곳에서 괜히 고생하고 있는 건 아닌가 하는 생각이 들 때마다 나는 오기로 버텼다. 나 스스로에게 지기 싫었기 때문이다. 나에게 오기는 열정의 다른 이름이었던 것이다. 그렇게 열심히 버티다 보니 고 3 시절에는 중간고사 전교 1등을 이뤄냈고 성균관대학교 시절에는 학과 3등까지 이뤄낼 수 있었다.

나의 공부 비결은 너무나 단순하고 쉽다. 첫째는 공부에 대한 무한한 열정, 둘째는 목표한 것을 이루어보겠다는 각오, 셋째는 학문을 써먹겠다는 의지였다. 모든 배움을 그저 책 속에 있는 이론으로만 생각하지 않고 평생 삶 속에서 풀어내야 할 지식이라고 생각할 수 있었던 건 내 경험 덕분이었다. 젊은 동기들과 내가 다

나는 태도로 운명을 움직인다

른 점이 바로 그것이었다. 대부분의 동기들에게는 공부의 목적이 시험을 잘 보기 위해서였지만, 나의 경우에는 삶의 질을 높이기 위해서였다. 그러다 보니 교과서만 공부하지 않았고 넓은 지식의 틀 안에서 담을 것과 버릴 것을 구분하면서 공부했다.

인간이라면 누구에게나 무한한 가능성이 있다. 그런데 만약 뜨거운 열정을 품고 있는 인간이라면 가능성은 현실성으로 바뀐다. 열정이 있다면 길은 반드시 열리게 되어 있다. 나처럼 보잘것없는 중년 남자도 열정을 가졌기에 젊은이들 틈에서 당당히 이루어내지 않았던가.

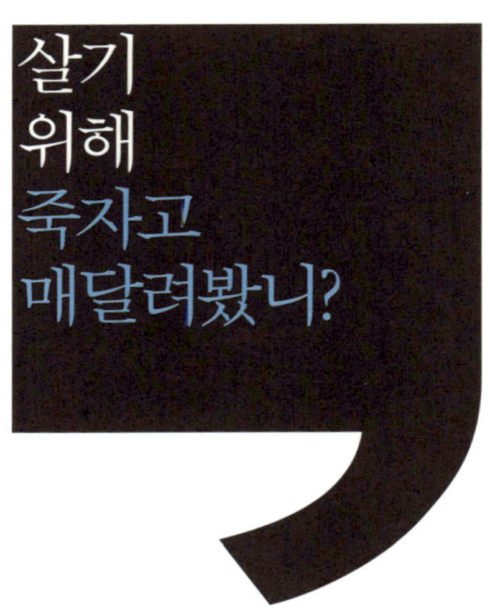

평범하게 노력하면 평범하게 살아간다

20대 동생들의 고민을 듣다 보면 언제나 등장하는 말이 있다.

"나름대로 열심히 노력하는데 결과는 항상 그저 그래요"

이런 말을 들을 때마다 내가 들려주는 말은 한결같다.

"열심히 노력만 하니까 그렇지."

말 그대로이다. 그저 열심히 노력만 하면 언제나 그저 그런 결과밖에 얻지 못한다. 세상이 그렇게 호락호락한 곳이 아니기 때문이다. 20대 친구들의 대부분은 자신이 나름대로 열심히 노력한다고 생각한다. 자신의 입장에서 볼 때 그것은 사실일 것이다. 분명히 10대 시절보다는 열심히 살아가기 때문이다. 하지만 객관적인 입장에서 볼 때는 어떨까? 직접적인 대답 대신 나는 이런 말을 들려주고 싶다. 사회생활을 하는 사람치고 그 정도 노력도 하지 않는 사람은 없다고. 만약 남들과 확연히 구별되는 특별한 결과를 얻고자 한다면 남다른 노력은 기본이며 자신의 한계를 뛰어넘을 정도로 노력해야 한다고. 그것도 매일 그렇게 해야 한다고 말이다.

고 3에 복학한 이후, 내신 성적 향상을 위해 공부에 전념할 때였다. 새벽에 일어나 0교시 수업을 듣고 밤에는 야간 수업에다 과외 수업까지, 그리고 밀린 회사 업무를 처리해야 했던 나에게 24시간은 턱없이 부족했다. 하루에 겨우 서너 시간만 자면서 공부와 일을 병행하던 나는 육체적으로 견딜 수 없는 고통을 느껴야 했다. 그런 내 모습을 본 의사 친구들은 건강에 적신호가 올 거라며 공부를 극구 말렸다. 육체의 피로 상태가 그렇게 지속되면 어느 날 쓰러질 수 있다고까지 경고했다. 매일 밤 잠들기 전 너무 피곤해 '정말 이러다 죽는 것은 아닐까?' 하는 두려움이 엄습할 정도로 대학 입시 과정은 고행의 연속이었다. 하지만 그 정도로 노력하지 않았다면 젊은이들과의 경쟁에서 살아남을 수 있었을까? 나는 친구들의 만류에도 불구하고 링거에 의지하는 극한 상황에서도 대학이란 목표를 향해 모든 것을 견디며 한 발 한 발 다가갔다. 그래서 나는 20대 동생들에게 이렇게 조언하곤 한다.

"살기 위해 죽자고 매달려본 적이 있어? 그런 적이 있다고 말할 수 없다면 자네의 노력은 그저 평범한 수준인 거야. 그리고 그런 자네의 미래 역시 평범한 것에 만족해야 할 거야."

공부와 운동의 공통점

운동의 메커니즘은 공부와 일맥상통한 점이 있다. 운동이 어느 시점부터 효과를 내는지 아는가? 아는 사람은 알겠지만 너무 힘들어 이제 그만 쉬고 싶다는 생각이 밀려드는 바로 그 순간부터 효과가 나타나기 시작한다. 그만 쉬고 싶다는 생각이 드는 바로 그때, 운동장을 한 바퀴 더 돌고, 바벨을 한 번 더 들어 올리면, 신경섬유들이 파열된다고 한다. 그리고 다음 날 아침이면 이 신경섬유들이 한층 강화된 형태로 복구된다. 이렇게 자기 한계를 뛰어넘는 운동량이 쌓이고 쌓인 이후에야 비로소 '몸짱'으로 거듭나는 것이다. 특히 마라톤을 해본 사람이라면 이 같은 운동의 메커니즘을 확실히 느낄 수 있을 것이다. 마라톤은 정신적, 육체적으로 극히 힘든 운동이다. 나는 초등학교 5학년 때 경상남도 창녕군 3000미터 달리기 대표로 선발돼 도 대표 경선에까지 나간 적이 있었는데 출전할 때마다 느낀 것이 있었다. 2000미터를 지날 쯤 되면 입에서 단내가 나고 거품이 일며 호흡마저 불규칙해진다. 매번 이때가 되면 그만 경기를 포기하고 싶다는 생각이 들었다.

그러나 나를 지켜보고 있는 선생님과 친구들의 기대를 저버릴 수 없다는 생각 하나만으로 버티며 운동장 트랙을 달리곤 했다. 그런데 이상한 것은 막상 2000미터를 넘어서면 서서히 고통이 덜어지는 듯하고 막바지에 이르면 고통을 잊은 채 기계적인 상태로 결승점을 향해 뛰어간다는 것이다.

누구에게나 한계점은 있게 마련이다. 한계점은 신체적, 정신적으로 극한의 상황에 이르는 것을 말한다. 그러나 이 극한의 상황을 정복하면 목표 지점에 도달하기는 어렵지 않다. 공부 또한 마찬가지이다. 너무 힘들어 이제 그만 쉬고 싶다는 생각이 아우성치고 머리에서 현기증이 일어나며 물에 젖은 솜뭉치처럼 가라앉을 때 "지금 이 순간을 뛰어넘을 테야!"라고 말하면서 한 시간만 더 공부해봐라. 바로 그때부터 특별한 능력이 생기기 시작한다. 광기 섞인 노력은 20대의 전유물이다. 20대에 그렇게 노력한 사람들은 30대 이후부터는 세상의 중심으로 나아가기 시작한다. 그러니 이 글을 읽고 있는 20대 친구들에게 말하고 싶다. 20대의 하루하루를 한계를 극복해가는 나날로 만들어보라고. 그 나날들이 쌓여 분명 특별한 30대로 이끌어줄 거라고.

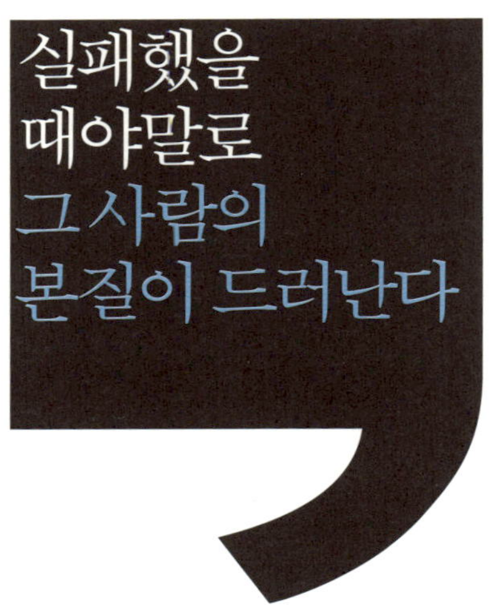

절망을 희망으로 바꾼 청년 이야기

한 청년이 있다. 이 청년의 꿈은 대한민국 국토방위에 온 힘을 쏟는 육군 장교이다. 꿈을 이루기 위해 청년은 누구보다 열심히 공부했다. 그 결과 자신이 원한 육군사관학교에 합격했다. 꿈을 향해 한 발 더 다가선 것이다. 그는 동기들과 함께 공부하고 훈련하며 최고의 군인이 되기 위해 최선을 다했다. 그러나 한순간의 실수로 3학년 때 퇴학을 당하게 됐다. 누구에게나 꿈을 이루기 위한 욕망은 있다. 그러나 욕망이란 감정은 때론 정상적인 사고를 앞질러 엉뚱한 행동으로 나타나기도 한다. 안타깝게도 욕망의 덫은 순간적으로 이성을 멎게 만들어버린다. 청년은 생도 시절 3학년 기말고사 때 책상 위에 암기한 문장들의 글자 첫머리들을 적어놓았다가 동료의 고발로 발각되고 말았다. 커닝을 하다 발각되면 퇴학이란 징계를 받게 된다. 학생들이 배석하여 사실심리(법원이 재판의 전제가 되는 사실관계를 확인하거나 조사하던 일)를 받았는데 실제로 커닝을 하지는 않았지만 커닝을 목적으로 책상 위에 글자를 써놓은 것은 사실이라고 인정하지 않을 수가 없었다. 결과는 퇴학이었다. 그토록 자랑스럽게 여겼던 교복과 교모 등을 학교에 반납하고, 어머니와 함께 쓸쓸히 교문을 걸어 나왔다. 그의 꿈은 그렇게 무너져버리는 것 같았다.

대학 시절 우리 과로 편입한 J라는 친구의 이야기이다. 그는 남자답게 생겼고 누구보다 성실하고 부지런했다. 선후배들과도 잘 어울리며 모임에도 빠지지 않는 등 사회성이 뛰어난 친구인지라, J가 이 자리에 있기까지 그토록 힘든 고통과 견딜 수 없는 아픔이 있었으리라고는 전혀 짐작도 할 수 없었다. 그 사건 이후 그는 며칠 동안 방 안에서 꼼짝하지 않고 분노와 후회 그리고 눈물로 시간을 보내며 죽으려고도 했다. 나는 J를 충분히 이해할 수 있었다. 한순간의 잘못된 판단으로 저지른 큰 실수. 그리고 변화한 인생의 항로. 나 역시 똑같은 아픔을 겪었기에 남의 일처럼 느껴지지 않았다. 생각지도 못했던 일들이 머릿속으로 그리던 미래의 청사진을 망쳐놓을 때 얼마나 당황하고 좌절감이 드는지 나는 뼛속 깊이 알고 있기 때문이다.

J는 곧바로 마음을 고쳐먹었다고 한다. 지나간 실수에 발목 잡혀 그냥 주저앉을 수는 없었다. 그러기엔 아직 너무 젊었고 삶에 대한 열정도 강했기 때문이다. 그는 새로운 목표를 세우고 도전하기로 했다. 비록 육군 장교의 꿈은 꺾였지만, 인생의 꿈이 꺾인 것은 아니기 때문이다. 그는 성균관대학교에 편입하기로 마음먹은 이후 열심히 공부했고 결국 합격했다. 그리고 성실과 열정이라는 무기로 'All A+'라는 우수한 성적을 이뤄냈다. 하지만 그는 이후에도 여기서 멈추지 않고 서울대 경제학과 대학원에 진학해서 지금도 꿈을 만들어가고 있는 중이다. 나의 대학 동기이며 사랑하는 아우인 이재영 군의 이야기다.

패배는 더 큰 실패를 막기 위한 보호막

삶에는 연습이 없다. 그래서 누구나 실수도 하고 좌절도 한다. 실수가 곧 실패는 아니다. 오히려 인간은 실수를 통해 더 큰 세상으로 나아갈 수 있는 힘을 얻게 된다. 그렇기 때문에 비록 산 같은 장애물이 가로막혀 있더라도 주저하지 말고 올라가야 한다. 단 한 번도 실패하지 않는 것이 인생의 목표는 아닐 것이다. 실패는 누

 나는 태도로 운명을 움직인다

구나 당연히 겪는 것이기 때문이다. 중요한 것은 쓰러졌을 때 어떻게 행동하는가 하는 것이다. 실패했을 때야말로 그 사람의 본질이 드러난다. 또 사람이 한 단계 깊어지는 계기가 될 수 있다. 나와 J가 과거의 실수에 얽매여 살았다면 지금 어떻게 됐을까? 세상을 원망하며 하루하루 아무렇게나 살지 않았을까? 한 번밖에 없는 인생을 그렇게 산다면 태어난 것이 너무 아깝지 않겠는가?

우리는 실패와 일시적인 패배를 구별할 줄 알아야 한다. 하지만 대부분의 사람들이 이를 혼동한다. 일시적인 패배는 오히려 더 큰 벼랑 아래로 떨어지지 않도록 보호하기 위한 신호로 작용할 때가 많다. 하지만 이를 편안하게 받아들이는 여유를 갖고 있는 사람은 많지 않다. 우리는 시간이라는 묘약을 먹은 이후에야 실패라고 생각했던 사건들이 사실은 비밀스런 축복이었다는 것을 깨닫는다. 그러고 나서는 현실을 다른 시각으로 되짚어보는 힘을 얻을 뿐 아니라 미래를 더 바람직하고 신중한 방향으로 조정하는 능력을 터득하게 된다.

잘난 사람이든 못난 사람이든, 부자든 가난뱅이든 인생을 살아가면서 크고 작은 온갖 종류의 실패를 피할 수는 없다. 대학 입학 시험이나 취업 시험에 떨어질 수도 있고, 연애에 실패할 수도 있고, 나와 J처럼 한순간의 실수로 전혀 다른 길에 들어설 수도 있다. 한두 번 실패했다고 해서 절망에 빠지거나 좌절하지 마라. 절망이나 좌절은 꿈을 이루는 데 아무런 도움이 되지 않는다.

30년 동안 지속되던 체증이 사라지다

사람은 저마다 업보처럼 악몽 하나씩을 끼고 산다. 가난이 몸에
밴 사람은 산동네 좁은 골목길에서 늘 누군가에게 쫓기는 악몽에
시달리고, 군 시절을 힘겹게 보낸 사람은 꿈속에서도 늘 제대하지
못한 군인이 되어 있다. 제대를 해도 다시 군대로 끌려간다. 공부
에 아쉬움이 많은 사람은 꿈속에서도 입시 준비 중이다.

　나의 경우, 공부에 아쉬움이 많아 늘 악몽에 시달렸다. 그것이

나는 태도로 운명을 움직인다

30년 동안이나 지속되었다. 늘 가슴 한구석이 답답했다. 뭔가가 다 소화되지 않은, 말 그대로 체한 느낌으로 살았던 것이다. 그런데 참 재미있는 일이 일어났다. 고 3으로 복학하면서 30년을 따라다니던 공부에 대한 악몽과 함께 더부룩했던 체증까지 가라앉았던 것이다. 이렇게 간단하게 해결되는 것을 30년 동안이나 짊어지고 다녔다니, 나란 놈도 참으로 한심하다는 생각이 들면서도 늦깎이만이 느낄 수 있는 감회가 아닐까 싶어 신기하기도 했다.

늦깎이. 우리 집 식구들은 모두 나처럼 늦깎이이다. 나부터 소개하자면 이미 밝혔듯이 30년 만에 다시 고 3으로 돌아가 대학까지 졸업했다. 그런데 아내도 내 길을 따랐다. 아내는 내가 고등학교에 복학할 때 25년 만에 다시 입시 공부에 매달리더니 결국 명지대학교에 들어갔다. 그녀는 나에게 대학 1년 선배인 셈이다.

아들에게도 사연은 많다. 그는 캐나다 유학 생활에 정착하지 못해 예정보다 일찍 돌아와 남들보다 2년 늦게 고등학교에 들어갔다. 그리고 나와 같이 고 3이 되었다. 대학도 같이 들어갔으니 같은 05학번이다. 이처럼 늦깎이 동기인 아들이 대뜸 이런 질문을 한 적이 있다.

"아버지, 저 너무 늦지 않았을까요? 남들보다 2년이나 늦어서 너무 걱정돼요."

"이 녀석이 30년이나 늦은 아빠도 있는데, 못하는 소리가 없구나. 늦었다고 생각할 때가 가장 빠른 거야."

아직 공부 외에는 인생의 쓴맛을 보지 못한 아들에게 2년이라는 시간이 크게 다가왔던 모양이다. 이때 나는 나무의 나이테 이야기를 들려주었다.

"철영아, 열대우림의 나무는 나이테가 없잖니. 추위를 견디면서 나이테가 생기는 거 너도 알고 있지? 사람도 이와 같단다. 삶에 어려움이 닥칠 때마다 나이테가 하나씩 하나씩 늘어나는 거야. 그냥 세월만 흐른다고 어른이 되는 건 절대 아니거든. 그런 면에서 보면 너에게 2년 늦은 건 오히려 축복이 될 수 있어. 네 마음속에 분명 나이테가 생길 거야. 나이테가 많은 나무일수록 크고 오래가는 큰 나무가 되는 거라고 생각해봐."

아내는 외도는 위대했다

아들은 그렇다 치고 나와 같은 만학도의 길을 택한 아내에게는 외경심마저 들었다. 그녀는 가난한 남편을 만나 먹고살기조차 힘든 세월을 함께하는 동안 한 번도 자신이 하고 싶은 일을 내색한 적이 없었다. 우리 부부는 결혼 생활 내내 맞벌이를 했다. 오랫동안 일하느라 살림하느라 힘들게 산 아내는 이제 남편의 사업이 자리를 잡아 일을 하지 않아도 되건만 아직도 직장과 살림을 병행하고 있다. 그런 아내를 보면 왠지 미안한 생각이 든다. 먹고살 만해지니까 남편이란 작자는 공부를 핑계 삼아 외도에 나서지 않았던가. 그러나 그런 아내도 마음속에 못다 이룬 꿈을 품고 있었던 것이다. 내가 고 3 복학 준비를 시작하자 그때서야 아내는 비로소 자신이 하고 싶은 것에 대해 말했다.

"여보, 예전에 MBC 프로그램 중에서 다큐멘터리 형식의 〈성공시대〉란 게 있었잖아요. 그때 성공한 사람들의 다섯 가지 비결에 대해 소개된 적이 있었어요. 공짜는 없다. 미쳐야 한다. 남들보다 한 발 빨라야 한다. 너무 늦은 시작은 없다. 낙천적이다. 근데 난 그중에서 '너무 늦은 시작은 없다'란 게 마음에 들었어요. 이제 당신이 공부를 시작했으니까, 나도 내 공부를 시작할 거예요. 내가 이 순간을 얼마나 기다려왔는지……."

아! 내 입에서 감탄사가 절로 나왔다. 아내도 나처럼 25년 동안 공부에 대한 악몽에 시달려왔다니 놀라지 않을 수 없었다. 학력이 인재 선발의 척도인 대한민국 사회에서 고졸이란 학력으로 힐튼 호텔의 지배인으로 승진하기까지 그녀는 얼마나 많은 힘든 일을 겪었을까. 그러나 최고의 정점에서 또 다른 시작을 위해 배움을 결심한 아내. 나는 그녀의 선택에 경의를 보냈다.

아내의 마음을 움직인 말, '너무 늦은 시작은 없다'. 그 말이 등장한 〈성공시대〉를 나도 본 적이 있다. 아내의 말마따나 유명 화장품 회사인 코리아나의 유상옥 대표 역시 쉰다섯 살에 창업을 결심하고 동사무소에서 서류 떼는 일부터 새로 시작하지 않았던가. 그 사람처럼 아내도 새로운 시작에 도전장을 내민 것이다. 대학에 들어가서도 아내는 직장을 그만두지 않았다. 나야 회사의 대표이니 그나마 요령을 피울 수도 있었지만, 아내는 낮에는 직장인으로, 밤에는 학생으로 주야장천 일하고 공부해야 했다. 그 모습이 너무 안쓰러워 그냥 공부만 하라고 호소해봤지만 아내의 의지는 너무 완강했다.

"내 공부 때문에 회사를 그만둘 수는 없잖아요. 20년 동안 근무한 회사인데 나 편하자고 그러는 건 회사에 대한 예의가 아니에요."

그러다 보니 아내는 나보다 훨씬 바빴다. 주부로서, 직장인으로서, 대학생으로서 1인 3역을 참 독하게도 해냈다. 회사 일을 마치면 어김없이 학교로 달려가야 했던 힘든 나날이었지만 그 과정에서 결석 한 번 한 적이 없었다. 그런 아내의 이번 학기 성적이 A학점 두 개를 뺀 나머지가 모두 A+라면 믿어지겠는가. 참으로 공부에 빠진 아내의 외도(?)는 위대함 그 자체였다.

일신우일신

요즘 아이들을 보면 측은하기도 하고 답답할 때가 많다. 아이들이 너무 시간에 쫓긴다는 것이다. 지금 당장 하지 않으면 큰일 날 것처럼 안절부절못한다. 그러다 시간이 지나면 언제 그랬냐는 듯 열정이 식어버리고 만다. 그런 모습을 볼 때 내가 아이들에게 들려주는 이야기가 있다. 지금은 고인이 된, 전 홍익대 총장 이대원 화백에 얽힌 일화이다. 이분은 여든 살이 훨씬 넘은 노화백으로 영

    나는 태도로 운명을 움직인다

어, 일어, 중국어, 프랑스어 등 네 개의 외국어를 구사하는 실로 대단한 분이다. 어느 날 점심 약속 때문에 홍대 앞에 있는 총장님의 개인 화실에 들렀을 때였다. 그분이 웬 젊은이와 함께 중국어를 공부하고 계신 게 아닌가. 젊은이가 돌아가고 난 후 너무 의아해서 질문을 했다.

"아니, 총장님 지금 무엇을 하고 계셨습니까?"

"보고도 몰라. 중국어 과외를 하고 있었지."

"중국어는 워낙 잘하시지 않습니까? 그런데 중국어 과외라니요?"

"자네는 한 번 배우면 영원히 까먹지 않을 자신이 있나? 공부란 늘 옆에 끼고서 하는 거지. 늦었다고 한탄할 필요가 없어. 늦었다고 생각할 때 다시 하면 되는 거야. 오히려 한 번 배웠다고 나 몰라라 하는 안일한 태도가 문제야."

그 말을 들은 나는 비로소 그분의 깊은 뜻을 알아듣고 고개를 조아렸다. 그분은 당시 중국어는 물론 영어와 일어도 계속 공부하고 계셨던 것이다. 늦었다고 후회하며 30년을 방황했던 내 자신이 부끄러워졌다. 더욱이 한 번 배운 걸 평생 공부해야 한다는 건 생각조차 못 하고 있던 나였다. 늦었다고 생각할 때가 가장 빠른 때라는 말. 이 평범한 진리가 가슴에 콕 와서 박혔다. 그러니 조금 늦었다고 조급해할 필요가 전혀 없다. 2년이 늦으면 어떻고, 10년이 늦으면 어떠랴. 나처럼 30년이나 늦은 사람도 있는데. 중요한 건 뭔가를 하고 싶어 하는 열정이고, 일신우일신(日新又日新, 날이

갈수록 새로워진다)하겠다는 의지이다.

　나보다 훨씬 젊은 청춘들이 나이가 많다고, 형편이 어렵다고 포기하거나 의욕 없이 세월만 보내고 있다면 나는 이렇게 조언하고 싶다. 일단 저질러라. 그러고 나면 어떻게 해서든 일은 굴러가게 되어 있다. 나이가 많다면 그만큼 다른 사람보다 더 노력하면 되고, 형편이 어렵다면 형편이 되는 것부터 차근차근 시작하면 되고, 자신이 없다면 마음 한번 굳게 먹으면 된다. 일단 뭐든 시작하면 생각보다 훨씬 쉽다는 것을 알게 될 것이다.

도전

; 새로운 세계를 열어 주는 마법

넘어질 때마다
무엇인가를
줍는 사람은
자신의 꿈에
점점 가까워진다.

_오스카 와일드

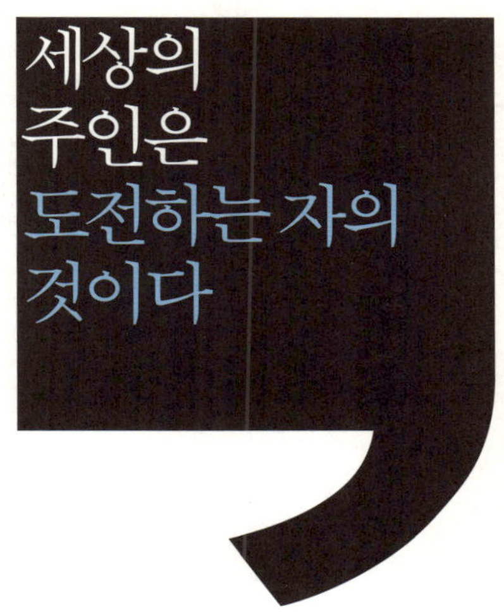

공부 못 해 죽은 귀신이 붙은 사람

꿈을 꿀 수 없는 현실, 희망조차 가질 수 없는 상황에 빠져 불행해하던 젊은 노동자 정동학. 그는 주어진 현실을 거부하고 무서운 집념과 투지로 편견과 차별의 벽을 깨부수며 자신의 운명을 바꿔놓는다. 어느 날, 자기 또래의 대졸 관리자가 삼촌뻘이나, 아버지뻘되는 기능직 노동자에게 호통치는 것을 보고 절망한 그는 20년 후자신의 미래 또한 그 기능직 노동자와 다를 바가 없을 거라는 생각에 정신이 번쩍 들었다. 그러자 더 이상 이렇게 살면 안 된다는 생각이 들었다. 열아홉 살부터 365일 휴일도 없이 1500도 용광로 앞에서 고온과 먼지, 가스, 소음에 시달리며 탈진할 때까지 일했던 그 사람. 그러면서도 직장이란, 노동이란 으레 그런 것이려니 하고 견뎠던 그 사람, 정동학은 그래도 '열심히 하면 된다'는 생각으로 자격증을 여덟 개나 따면서 동기들보다 먼저 인정받았지만, '그래 봤자 막노동자'라는 냉정한 현실에 부딪쳤던 것이다. 그래서 그는 뒤늦게 전문대학을 졸업했다.

"전문대를 졸업해도 별다른 변화가 없었어요. 여전히 저한테는 기회가 주어지지 않았거든요. 신분 상승의 기회가 원천적으로 막혀 있었던 거죠."

그래서 그는 다시 대학에 들어가기로 마음먹고 공부를 시작했다. 첫 번째 도전과 실패 그리고 두 번째 도전과 실패. 그러나 그는 포기하지 않고 스물일곱 살이라는 적지 않은 나이에 세 번째 도전을 감행하고 드디어 연세대학교 의과대학에 합격한다. 일과 공부를 겸해야 했던 그는 3년 동안 제대로 잠도 못 자고 특히 교대 근무를 해야 할 때에는 더 힘들었다며 당시를 회상했다. 8년 1개월이라는 긴 세월 동안 포항제철의 뜨거운 용광로에서 동료들과 동고동락했던 그는 이후 의대생으로서 그리고 의사로서 새로운 삶을 시작한다.

이는 국내뿐 아니라 아시아 전체에서 인정받는 심미안성형외과

정동학 원장의 성공 스토리이다. 그의 이야기를 굳이 여기에 옮긴 까닭은 큰 감동을 받았기 때문이기도 하지만 그의 삶이 내 삶과 비슷하다고 느꼈기 때문이다. 주어진 상황에 안주하지 않고 끊임없이 새로운 세계로 도전하는 태도. 그것이 없었다면 지금의 나는 존재하지 못했을 것이다. 앞에서도 이야기했지만 내가 처음 고등학교로 복학했을 때 수많은 사람들로부터 지겹도록 들었던 질문이 바로 이것이었다.

"굳이 그렇게 안 하셔도 먹고살 만한데 왜 고생을 사서 하세요?"

심지어 어떤 친구는 이렇게 말했다.

"어이 친구, 그냥 적당히 시간만 잘 때워 졸업장이나 받으면 되지, 다 늙어서 왜 몸까지 그렇게 혹사시키나?"

그때마다 나는 그냥 전생에 공부 못 해 죽은 귀신이 붙어서 그런가 보다고 답변을 하곤 했다. 업무와 병행하며 고등학교와 대학교를 다니느라 보낸 7년의 세월. 그 세월 동안 내 나이는 이미 중년을 훌쩍 넘어가고 에너지는 다 소진되어 몰골이 말이 아니게 변했다. 속 모르는 친구들은 이왕 시작한 공부니 대학원까지 다녀보라고 하지만, 정말이지 공부는 쉬운 일이 아니다. 그러나 나는 이런 공부를 바탕으로 앞으로도 현실에 안주하지 않고 도전하는 삶을 살고 싶다. 나에게 도전하지 않는 삶이란 죽은 삶이나 다름없기 때문이다.

도전하지 않는 탐험가는 더 이상 탐험가가 아니다

나에게 도전의 참 의미를 일깨워준 한 사람을 꼽으라고 한다면 단연코 산악인 박영석 대장이다. 그는 세계 최초 에베레스트 무산소 등정, 세계 최단 기간(8년 2개월) 히말라야 등정(8000미터 급 여섯 개 봉우리)이라는 기록을 세워 산악 그랜드슬램을 달성한 인물이다. 매번 인간 능력의 한계에 도전해서 경이로운 기록을 거듭한 그의 도전 정신은 많은 사람에게 큰 귀감이 되어주었다. 그는 자서전을 통해 이렇게 말한 바 있다.

"40여 차례 이상 세계의 높은 산들을 올랐습니다. 하지만 그동안 쉽고 안전했던 등반은 단 한 번도 없었습니다."

"권력, 명예, 사랑, 행복 등 각자 추구하는 삶의 가치가 무엇이든 그것은 결국 죽음을 맞이해야 우리 삶의 원동력이 되어줍니다."

그런데 그의 도전은 성공한 이후에도 변함이 없었다. 여러 신기록을 세우면서 유명인이 된 그에게 대학에서는 교수 자리를, 대기업에서는 종신 홍보 이사 자리를 제안했다. 하지만 그는 이 모든 호사를 거절하면서 이렇게 말했다.

"그건 제 길이 아닙니다. 저에게는 후학들을 가르칠 능력이 없습니다."

그리고 또 이렇게 말하기도 했다.

"도전하지 않는 탐험가는 더 이상 탐험가가 아닙니다."

뼛속까지 탐험가였던 그는 편안한 삶을 마다하고 또다시 도전을 시도했던 것이다. 그러나 2011년 10월 안나푸르나 남벽에 새로운 코리안 루트를 개척하기 위해 나섰던 그는 안타깝게도 눈사태를 맞아 유명을 달리했다. 평생 편하게 살 수 있는 기회를 마다하고 또다시 극한의 고통을 선택한 박영석 대장. 그는 평소 이렇게 말했다고 한다.

"세상의 주인은 없다. 세상의 주인은 도전하는 자의 것이다."

나는 삶이 무기력해진다는 생각이 들 때마다 그의 이 말을 떠올리며 마음을 다지곤 한다.

공부는 젊음의 세계로 인도하는 타임머신

나는 출판사에서 창고관리 임시직으로 1년 동안 일하다 성실성을 인정받고 정식 직원이 되었다. 그런데 그 과정에서 '고졸 이상'이라는 자격 요건에 걸려 고민하다 친구의 고등학교 졸업장을 위조해 서류를 제출한 적이 있다. 그러나 그렇게 취업에 성공했다고 해서 모든 것을 저절로 얻을 수는 없었다. 물론 한 직장의 한 분야에서 오랫동안 일하다 보니, 경험과 지식이 축적되어 나중에는 그것을 바탕으로 독립할 수 있었던 건 사실이지만 대중 독자의 생각을 읽어내고 꾸준히 새로운 것을 발굴해서 경쟁 업체에 뒤지지 않는 상품을 내놓는 일은 결코 쉽지 않다.

출판사들은 독자의 선택에 의해 희비가 엇갈린다. 지피지기면

백전백승. 독자의 마음을 알아야 그들을 위한 책을 만들어 팔 것이 아닌가? 어학 전문 출판사인 우리 회사의 경우 주 독자층이 10~20대 그리고 30대이다. 그런데 그들의 문화와 생리를 모른 채, 내 세대인 50대의 감각으로만 책을 만들어서 판다면 어떻게 되겠는가? 이렇게만 한다면 머지않아 출판 시장에서 살아남지 못할 것은 자명하다. 그래서 나는 젊음의 세계를 알기 위해 공부라는 타임머신을 타고 여행을 떠난 것이다.

그들의 문화뿐 아니라 지식을 얻고 싶은 열망도 강했다. 미래를 설계하고 목표한 지점으로 나아가기 위해서는 지식이 필수 요소라고 생각했기 때문이다. 지식은 평생에 걸쳐 습득해야 하는 것이다. 프랜시스 베이컨(Francis Bacon)이 '아는 것은 힘이다'라는 유명한 말을 남겼듯이 우리는 세상의 모든 일을 지식을 통해 습득한다. 지식의 깊이가 깊을수록 그만큼 힘을 얻고 미래 또한 바꿔나갈 확률이 높아진다는 것은 두말하면 잔소리이다. 한마디로 지식은 기회를 현실로 연결해주는 통로이다. 단지 세속적인 성공만이 아니라 인간과 세계에 대한 통찰력을 높여주는 도구이기도 하다. 산을 더 높이 올라갈수록 시야가 넓어지는 것처럼, 지식을 많이 축적할수록 사람과 사건, 사물을 객관적이면서 올바르게 보는 능력이 향상된다. 그러니 지식을 쌓는 노력은 평생 하는 것이다.

인간은 모두 무지한 상태로 태어난다. 하지만 그 상태로 살아갈 것인지, 지식을 얻기 위해 도전하는 삶을 살 것인지는 자신의 선택이다. 어느 쪽이든, 선택은 시간이 지남에 따라 우리의 운명을

좌우한다. 주어진 대로 순응하며 운명에 몸을 맡길 것인가. 아니
면 스스로 미래의 운명을 개척할 것인가.

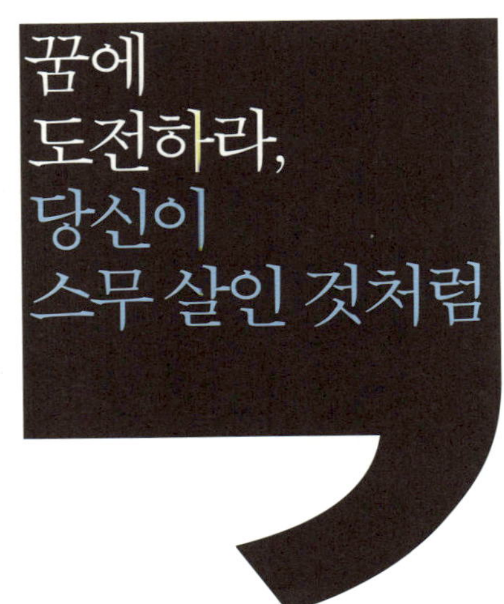

당신의 꿈은 무엇입니까?

"당신의 꿈은 무엇입니까?"라는 질문을 받아본 지가 얼마나 됐는가? 혹은 자기 스스로 "내 꿈은 뭘까?" 하고 자문해본 적은 얼마나 됐는가? 아마 많은 이들이 학창 시절 이후에는 이런 질문을 받은 적이 거의 없을 것이다. 자신의 꿈에 대해 고민해본 지도 오래되었을 것이다. 이렇게 우리가 꿈을 잊고 사는 이유는 '꿈'이란 어린 이들만의 전용어라 여기기 때문이 아닐까?

그렇지 않다면 이 글을 읽는 성인 독자인 당신이 가슴속에 꿈을 품었던 가장 마지막 순간은 언제였는가? 아마 대한민국의 성인이라면 대학 시절이 마지막으로 꿈을 꿨던 때였을 것이다. 이것저것 하고 싶은 것도 많고, 사회에 나가 무엇이든 할 수 있을 것 같은 자신감으로 가득 차 있었던 그 시절 말이다. 그때는 그토록 꿈이 많았는데 왜 지금은 꿈꾸지 않을까? 아마도 많은 직장인들은 산더미같이 쌓여 있는 하루 업무를 소화하기에도 벅차기 때문이라 답할 것이다. 새로운 일을 계획하기에는 나이가 너무 많다고 생각하는 이들도 많을 것이다.

그런데 이런 많은 사람들과 달리 늦은 나이에도 꿈을 향해 도전하는 사람들은 분명히 존재한다. 그 대표적인 인물 중에는 세계적인 패스트푸드 체인점 KFC의 창업자 커넬 할랜드 샌더스가 있다. 시골 마을에서 손바닥만 한 음식점을 경영하던 그는 예순여섯 살에 파산과 함께 알거지 신세로 전락한다. 그러나 삶을 포기하지 않은 그는 새로운 사업 아이템을 구상하여 여러 회사에 제안서를 보낸다. 3년 동안이나 잠은 트럭에서 자고 공중화장실에서 세면을 해결하며 무려 1100곳의 회사에서 '당신의 계획은 실현 불가능하다'는 거절의 답변을 들어야 했던 그 사람, 커넬 할랜드 샌더스. 미국 전역을 돌며 자신의 아이디어를 받아줄 곳을 찾던 그는 드디어 1101번째 회사에서 사업 승낙을 받고 캔터키 프라이드 치킨, 즉 KFC를 창업한다. 지금은 우리에게도 익숙한 치킨 프랜차이즈 체인점인 KFC는 이런 도전 정신으로 생겨난 것이다.

오지 탐험가이자 구호 활동으로 너무나 유명한 한비야는 쉰 살이 넘은 나이에 외국 유학길에 올랐다. 그녀는 그 나이에도 자신이 앞으로 무엇이 될지 무척 궁금하다며 스무 살처럼 꿈꾸고 또 꿈꾼다.

평생 공부라는 꿈

이들을 보면 알 수 있듯이 꿈은 어린이들만의 전용이 아니다. 오늘 출근하면 어제와 똑같은 하루를 보내야 한다는 사실을 뻔히 아는 직장인이라 해도 멋진 꿈을 꿀 수 있고 또 꾸어야 한다. 그래야 살아 있다고 느끼며 살 수 있다. 자신의 인생이 소중하다면 몇 살이 되었든 꿈을 꾸자. 그 꿈이 없던 에너지도 생산해낼 것이다.

"제 꿈이 무엇인지 모르겠습니다."

"꿈을 꾸기에는 이미 늦은 나이지요."

만약 당신이 이런 말을 하고 있다면 필리핀 속담 하나를 들려주고 싶다.

'하고 싶은 일에는 방법이 보이고, 하기 싫은 일에는 변명만 보인다.'

그러니 이 글을 읽고 있는 여러분도 내면에 잠자고 있는 꿈들을 꺼내 먼지를 털어보자.

나의 꿈은 평생 공부하는 것이다. 어제도 공부를 했고, 오늘도

   나는 태도로 운명을 움직인다

공부를 하고 있고, 내일도 공부할 것임을 알고 있는 나에게 공부는 평생 이루어갈 '현재 진행형 꿈'인 것이다. 물론 내가 TV에 나오는 전국 수석들처럼 타고난 공부 천재이거나 학자가 아님은 확실하다. 나는 그저 너무 많은 배움의 기회에 노출된 나머지 그 소중함을 잊고 사는 사람들에게, 당신들에게는 차고 넘치는 기회가 누군가에게는 절박하고 간절한 소망이 될 수 있음을, 특히 나처럼 때를 놓치고 마음껏 공부해보지 못한 사람에게는 공부하는 그 자체가 '꿈'이라는 것을 말해주고 싶을 뿐이다.

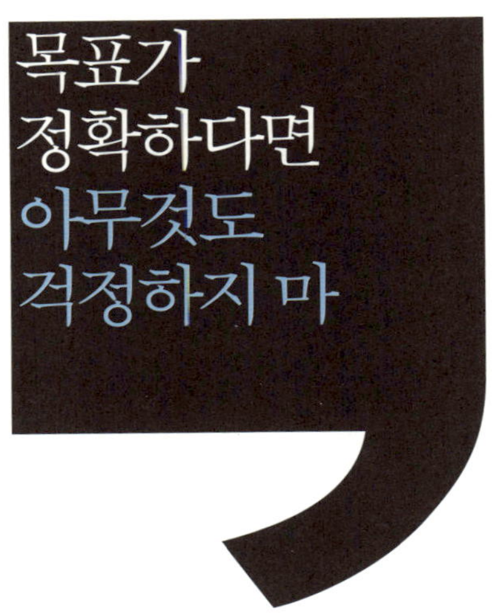

목적 없는 여행이란 방황일 뿐이다

마크 매코믹의 『하버드 경영 대학원에서도 가르쳐주지 않는 것들』이라는 책에는 매우 흥미로운 내용이 등장한다. 10년이라는 긴 시간 동안의 연구 결과가 바로 그것인데 이것은 명확한 목표 설정이 얼마나 중요한 것인지를 잘 보여주고 있다.

'당신은 명확한 목표와 그것을 실천할 계획을 세웠는가?'라는 설문 조사에 대해 하버드 경영 대학원의 졸업생 중 단 3퍼센트만이

나는 태도로 운명을 움직인다

명확한 목표와 그것을 실천할 계획을 세웠다고 답했다. 13퍼센트는 목표는 있지만 계획을 세우지는 않았고, 나머지 84퍼센트는 학교를 졸업하고 여름휴가나 즐기겠다는 것 외에는 구체적인 목표가 없었다. 그리고 나서 10년이 지난 후 그 설문 조사 대상자를 다시 인터뷰했다. 그런데 매우 신기하게도 목표가 있었던 13퍼센트의 응답자는 목표가 전혀 없는 84퍼센트의 응답자보다 평균 두 배의 수입을 올리고 있었다. 더욱 놀라운 점은 명확한 목표를 기록하고 실천을 계획했던 3퍼센트의 졸업생들은 나머지 97퍼센트의 졸업생들보다 평균 열 배의 수입을 올리고 있었다는 사실이다. 이 설문 조사에서는 조사 대상인 학생들의 대학원 성적이나 학교생활 상태 등은 전혀 고려하지 않았다. 유일한 차이는 졸업할 때 얼마나 명확한 목표를 세웠는가 하는 것이었다. 이런 신빙성 있는 설문 조사 결과를 보면 어떤 일에 도전하는 것에도 명확한 목표를 세우는 것이 우선해야 한다는 것을 잘 알 수 있다. 그러나 목표 설정의 중요성을 알고 있는 사람은 많지 않은 것 같다.

꿈을 이루기 위해 도전하는 것. 즉 무언가를 희망하는 일은 어쩌면 쉬운 일인지도 모른다. 그러나 대부분의 사람들이 거기에서 그치고 마는 게 문제다. 여행을 떠날 때와 마찬가지로 결과를 성취하려면 목표를 갖고 있어야 한다. 목적지 없는 여행이란 방황이며 목표가 없는 야심은 낭비일 뿐이다.

인생의 이정표, 목표를 세워라

내가 공부에 전념하는 이유는 꿈이 있기 때문이다. 대한민국이라는 사회에서 물려받은 재산 없고, 가진 것 없고, 특별한 재능이 없는 사람의 가장 평범한 꿈은 좋은 회사에 취직하는 것일 게다. 나는 이미 사업체를 운영하는 경영자로서 그들처럼 취업 걱정을 하는 것은 아니지만 현 사업의 미래를 내다보며 새로운 꿈을 꿔야만 발전할 수 있다고 생각한다.

경쟁 사회에서 끊임없이 노력하고 개발하지 않으면 쉽게 도태되고 결국 파산하는 기업체의 사례를 수도 없이 보지 않았던가. 특히 시대의 흐름에 가장 민감한 분야 중 하나가 출판 사업이라고 생각한다. 독자들의 요구를 따라가기 전에 그들의 요구를 미리 반영하겠다는 마인드와 그에 따른 실력을 갖추지 않으면, 금방 뒤처지게 되는 것이 출판 사업이다. 그래서 나는 다시 공부를 시작했다. 나는 내 배움을 바탕으로 중국어, 일본어를 필두로 한 최고의 어학 전문 출판사의 자리를 지킬 수 있도록 고삐를 늦추지 않을 것이다. 또한 내가 그러했기 때문에 독학자의 심정을 잘 아는 만큼 그들에게 도움을 줄 수 있는 책을 만드는 데도 힘쓰고 싶다. 그래서 그들이 꿈을 실현해나가는 데 미약하나마 조력자가 되는 것이 나의 꿈이기도 하다. 나는 그 꿈을 실현하기 위해 첫 번째 고등학교 복학, 두 번째 대학 입학이라는 구체적인 목표를 세웠고 결국 그것을 이루어냈다.

 나는 태도로 운명을 움직인다

이렇듯 꿈을 향한 도전에는 명확한 목표가 이정표 역할을 한다.

누구나 인생이라는 초행길을 걸으면서 이정표와 약도 없이 그럭저럭 살아간다. 바쁜 일상에 파묻힌 채 10~20년을 보낸 후 여전히 인생이 피곤하다며 한탄하고 일상이 따분하다고 불평하기도 한다.

만약 그런 당신의 삶에 변화가 필요하다면 도전하라. 그리고 그러기 전에 도전하는 목표를 명확하게 세워봐라. 그것만 명확하다면 어떻게 달성할 것인지는 염려하지 않아도 된다. 목표가 곧 이정표이기 때문에 원하는 방향으로 당신을 안내할 것이다. 시간을 들여 목표를 단계별로 구체화시켜 꿈을 이루기 위해 한 계단씩 밟고 올라가며 준비해보자.

1 쉽게 이룰 수 있는 작은 목표부터 시작해서 큰 목표를 세우자. 처음부터 너무 무리한 목표를 세운다면 도전해보지도 못하고 그것만 바라보다 쓰러질지도 모른다. 갓난아이가 바로 일어나서 걸을 수 없듯이 성장 과정에도 단계가 필요하다.

2 자신의 장점에 집중해보자. 자신이 제일 잘하는 게 뭔지, 제일 자신 있는 게 뭔지, 제일 좋아하는 게 뭔지 생각한 이후 목표를 세우자. 그렇다고 단점을 무시하라는 말은 아니다. 단점도 다르게 생각하면 장점이 될 수 있다.

3 마음에 여유를 갖자. 너무 초조해하지 말고 여유를 갖고 목표를 세워라. 세상에 너무 늦은 시작이란 존재하지 않는다. 일흔 살이 넘어서도 전문적인 분야에서 능력을 마음껏 펼치기도 하고 예순 살에 직업을 바꿔 만족스러운 삶을 살아가기도 한다.

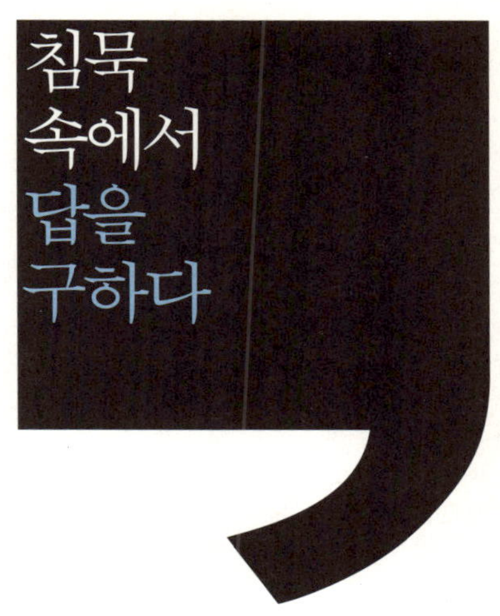

돈키호테처럼 일을 벌리다

나는 밥보다 더 좋아하는 것이 있는데, 바로 음악 감상이다. 단지
듣는 것을 넘어서 최근에는 드럼에 푹 빠져서 연습을 반복했는데
(얼마 전에는 경기TV 방송에서 나의 드럼 연주가 방영되기도 했다) 이제
는 합주할 수 있을 정도의 수준을 갖췄다. 그런데 사람들은 내가
음악 얘기를 하면 고개를 갸우뚱거린다. 모과처럼 울퉁불퉁하고
시골티 나는 얼굴로 보아선 어디 한군데 부드러운 데라곤 없어 보

이는 캐릭터인데, 클래식에서부터 록이라고 불리는 최신 언더그라운드 음악까지 줄줄이 꿰고 있으니 놀랄 만도 하다. 나는 여가 시간을 주로 악기 연습과 음악 감상으로 보내곤 한다. 이어폰 꽂고 소녀처럼 턱 괴고 듣는 방식이 아니라, 집이 떠나가도록 볼륨을 올려놓고 조명도 밝혀놓는 등 나만의 감상 무대를 연출한다. 이런 취미 때문에 아내와 아들에게 타박도 많이 받는다. 클래식은 그래도 괜찮은데, 록 같은 장르의 음악을 최대한 볼륨을 올리고 틀어놓으면 나야 좋지만 가족들은 집이 전쟁 통이 따로 없다고 느끼는 듯하다(게다가 이웃에도 피해를 주니 참 고역이다. 내 마음껏 볼륨을 높여 음악을 듣기 위해 아파트 생활을 청산하고 행주산성 한적한 곳에 농가를 사들여 이사를 했건만 요즘에는 주변에 새 건물들이 많이 들어서 다시 원점으로 돌아간 듯하다).

그런데 출판사를 인수한 뒤 사업이 일정 궤도에 올라갈 무렵이었다. 음악을 워낙 좋아하는 나는 사업이 안정되자 욕심이 하나 생겼는데 그것이 점점 커지기 시작했다. 그 무렵 나는 록 성향의 인디 음악에 관심이 많았는데, 그중에서도 뮤지션들의 독창적인 개성이 드러난 비주얼 록이 더욱 흥미롭게 느껴졌다. 그러자 이 비주얼 록에 대한 대중잡지를 만들고 싶어진 것이다. 이를테면 일본에서 유행하는 인디 뮤지션들을 다룬 〈샥스〉 같은 잡지를 창간하고 싶었던 것이다. 1999년 당시에는 새 밀레니엄을 맞는 시기여서 일본에선 록 페스티벌 등 눈길을 끄는 대형 행사가 연일 성황이었다. 마니아층에서 비주얼 록이라면 일본을 먼저 떠올릴 만

　　　　　　　　　나는 태도로 운명을 움직인다

큼 그곳은 비주얼적인 문화가 발달되어 있었다. 일본의 록 문화를 참고로 우리의 숨겨진 인디 문화를 새롭게 조명하고, 하나의 장르로 부각시키면 괜찮겠다는 생각이 들었던 것이다.

향후 일본 문화 개방이라는 시대적 조류와 맞물려 사업성도 있어 보였다. 무엇보다 록 음악에 대한 관심과 열정이 비주얼 록으로까지 이어졌기에 갑작스레 돈키호테처럼 일을 벌리고 말았다.

그 무렵만 해도 공개적으로 일본 음악을 틀 수는 없었다. 젊은 이들을 중심으로 일본 록을 조심스럽게 비공개로 감상하던 시절이었다. 나는 먼저 잡지 창간을 위한 전초 작업으로 회사 지하층에 음악 감상실을 만들어놓고, 빔 프로젝트에 비주얼 록을 상영하면서 재팬 록을 중점적으로 선보이는 통로를 만들어놓았다. 그러고 나서 1999년 9월 직원을 다섯 명 뽑고 〈락 인 재팬〉이라는 제호의 잡지 창간 준비에 착수했다. 창간 작업의 중추적 역할은 당시 언더그라운드 음악계에서 비주얼 록의 전문가로 통하던 Y라는 친구에게 일임했다. 일본에 이들 모두를 보내 2000년 밀레니엄을 맞아 풍성하게 열리는 록 음악 관련 행사를 모두 촬영하고 인터뷰 등 다각적인 취재를 해보라고 권유했다.

이 과정에서 일본의 유명한 록 잡지 〈샤스〉와 선이 닿았다. 특히 〈샤스〉 편집장이 우리 쪽의 열정을 알게 되면서 전폭적인 지원과 교류를 약속했다. 일본의 경우에는 잡지사에서 매니지먼트 사업을 겸하면서 록 가수들을 대중적인 스타로 키워내는 시스템이 잘 발달돼 있었다. 나는 이 점을 착안해 〈락 인 재팬〉을 발판 삼아 나중에는 매니지먼트 사업도 할 수 있겠다는 판단을 했고 처음 계획했던 자금보다 더 큰 액수의 자본금을 쏟아부었다.

2000년 2월을 창간 디데이로 잡아놓고 잡지 팀은 국내 록 공연도 열심히 취재했다. 그때까지 억 대가 넘는 준비 자금이 들어갔고, 창간 작업은 순조롭게 진행되는 중이었다.

실패에서 배우다

그런데 엉뚱한 곳에서 문제가 생겼다. 창간 기획을 전담하던 Y가 마당발에다 음악 이론에 해박한 것까지는 좋았는데 정작 잡지를 만들어본 경험은 없는 것이다. 난감했다. 음악 전문가는 좋은 필자일 수는 있으나 좋은 잡지 편집자까지는 될 수 없는 거 아닌가. 또한 잡지 제작의 메커니즘이라는 것이 비전문가가 열정만으로 달려들어 성공할 수 있는 분야가 아니지 않은가. 고민 끝에 나는 중앙대 언론대학원 고위경영자과정에서 공부할 대 알게 된 잡지 전문 출판인 L 씨에게 도움을 청했다. 이 잡지를 책임져달라고 몇 번이나 간청한 끝에 반 정도는 승낙을 얻어냈다. 그런데 이 사실을 잡지 팀에 이야기하자 곧바로 그들은 반발하고 나섰다. 특히 Y는 자기가 책임지고 다 할 것이고, L 씨의 영입 건을 없던 걸로 하지 않으면 창간 작업을 더 이상 진행하지 않겠다고 막무가내로 버텼다. 처음엔 그들을 달랬다.

"이 사람들아, 상식적으로 생각해보자. 잡지 제작이란 게 무대 꾸며놓고 음악 연주하는 것하곤 다르잖아. 자네들이 취재와 기사 작성에 전문가들이라는 건 나도 인정한다고. 근데 문제는 편집하고 제작한 경험이 없다는 거 아니야."

"사장님, 저희들이 다 하겠습니다. 실패해도 저희들이 하겠습니다."

"자네들 뜻은 알겠는데 실패하면 안 되지. 잡지계에서 이름 있는 전문가를 편집 책임자로 모시면 자네들도 편할 거 아닌가. 하루 시간을 줄 테니 잘 생각해보자고……."

그런데 다음 날 출근해서 긍정적인 방향으로 의견 조율이 되었겠거니 하고 답을 기다리고 있는데, Y라는 친구가 찾아와서는 계약서를 내미는 것이 아닌가. 그런데 그것을 본 나는 너무나 큰 충격을 받았다. 그 계약서에는 본인이 전권을 책임지는 사장이고 나는 자본만을 책임지는 사장으로 역할을 분담하자는 내용이 씌어 있었던 것이다. 의견을 조율할 생각은 하지 않고 대뜸 그런 계약서를 작성해서 들고 온 Y를 보니 나는 머리가 지끈거렸다. 도무지 상식이 통하지 않는 것 같아 답답하기 이를 데 없었다.

"결국 그 생각이 변함없는 거야? 너무 일방적이라고는 생각 안 해봤어! 만약에 내가 자네들 요청을 받아들이지 않고 여기서 작업을 접으면 어떻게 될 것 같은가? 수억 원대의 거금을 날리는 게 아까울 것 같은가? 그것보다 나를 더 슬프게 하는 건 내가 좋아하고 믿었던 자네들에게 느끼는 배신감이야."

이런 말들로 점잖게 다시 한 번 타일러보려고 했으나 Y는 묵묵부답이었다. 더 이상 대화를 계속할 여지가 없었다. 바로 담당 국장을 불러 폐업을 지시했다.

"오늘 날짜로 〈락 인 재팬〉 정리합니다. 편집부 기자들 월급 정산해주고 월요일에 바로 사무실 폐쇄하세요."

나는 단호하게 결정을 내렸다. 그동안 투자한 수억 원대의 자금이 한순간에 물거품이 되는 순간이었다. 월요일이 되자 Y를 비롯한 편집부 직원들이 찾아와 "사장님, 용서하십시오. 우리가 생각이 짧았습니다"라고 말하며 간청했지만 나는 받아들이지 않았다. 상식에 어긋나는 일에 자존심을 굽히기도 싫었고, 무엇보다 자신들이 아니면 잡지를 만들 수 없다는 자만심이 싫었다. 특히 이미 수억 원을 투자했기 때문에 그만두기 쉽지 않다는 점을 이용하려 한 것이 용납이 안 되었다. 나에 대한 배신이라는 생각이 들었기 때문이다. 돈은 다시 벌면 되지만 올바르지 못한 행위에 자존심을 버리기에는 내가 너무 젊다고 생각했다. 그때 내 나이는 마흔네 살이 아니었던가.

이 사건을 겪은 이후 분노를 삭이려고 컴퓨터 한 대 달랑 싣고 경주 어느 시골 마을의 암 환자 요양원으로 내려갔다. 그곳에서 조용히 생각에 생각을 거듭하다 보니 좀 다른 생각이 들기 시작했다. 직원들이 내 입장을 이용하려고 했다기보다는 외부의 간섭을 받지 않고 편집권을 보장받으려는 순수한 마음이 강해서 그랬던 게 아닐까, 하는 생각이 들었던 것이다.

무엇보다 더 좋은 잡지를 만들고 싶어 한다는 점에서는 직원들이나 나나 마찬가지였는데 아무래도 의사소통을 충분히 하지 못했다는 생각이 들었다. 극단적인 상황으로 가기 전에 의견 조율을 충분히 하지 못한 나에게도 책임이 있었다. 일본의 비주얼 록 문화와 한국의 인디 문화를 전문성 있게 다루어 한국 독자들에게 새로운 문화를 맛보게 해주겠다는 초심을 되새겨봤다. 그 초심을 잃지 않기 위해서는 잡지 발간을 정상화할 책임이 나에게 있었고, 그러기 위해서는 좀 더 노력했어야 했다. 나는 장고를 거듭한 끝에 독자적으로 출간할 수 있도록 그동안 일본에서 취재한 자료와 사진들 그리고 원고들을 Y에게 넘겨주었다.

모든 도전이 성공할 수는 없다. 나는 때때로 이처럼 새로운 사업에 도전하고 실패를 맛보기도 했다. 그러나 실패를 포함한 인생의 모든 경험은 나에게 여러 가지 도움을 주었다. 특히 실패는 나 자신에 대한 겸허한 반성의 시간을 갖도록 해주었다. 만약 어떤 일에 과감하게 도전했으나 실패했다면 홀로 침묵의 시간을 가지면서 반성해보라고 권하고 싶다. 그 침묵의 시간 속에서 어떤 형태의 답을 얻게 될 것이다. 그렇게 스스로를 되돌아보는 습관을 갖지 않으면 실패 속에서 아무것도 얻지 못하고 같은 실수를 반복하게 된다. 실패를 인생의 전환점으로 만들 것이냐 그저 실패로 남겨둘 것이냐, 그것은 바로 자기 자신의 몫이다.

체념의 미학을 배우다

남이 내 삶을 대신 살아줄 수 없고, 내가 남의 삶을 대신 살 수도
없다. 직원들에게 느낀 배신감과 열정을 가지고 뛰어들었던 사업
을 정리할 수밖에 없었던 현실은 나를 몹시 힘들게 했다. 혼자만
의 성찰의 시간을 갖지 않으면 아무것도 할 수 없을 것 같은 나는
경주 어느 시골 마을 암 환자 요양원으로 내려갔는데 그곳에서 뜻
밖의 인생들을 알게 되었다.

그곳은 아주 외진 곳으로 전화도 일반 전화선이 아니라 군대에서 쓰는 무선 호출기 선을 연결해 쓰는 탓에 통화 품질이 안 좋았다. 버스 정류장이 2킬로미터나 떨어진 곳에 있을 정도였고, 그나마 그곳에도 하루에 한 번 버스가 오갈 정도로 산골 중의 산골이었다. 나는 마음속에서 차오르는 분노가 잠잠해질 때까지 그곳에 있기로 했다.

그곳 요양원에 있는 사람들은 대부분이 말기 암 환자들이라, 병증 없이 이곳을 찾은 나는 그들에겐 당연히 불청객이었다. 요양원에는 남녀 비율이 반반인 열 명 남짓한 암 환자들이 치료 중이었다. 말이 치료이지, 한다하는 병원에서도 이미 손을 놓은 말기 암 환자들이라 생의 마지막을 정리하는 중이라는 표현이 더 맞았다. 그런데 신기하게도 다들 목숨이 바람 앞에 등불이라는 사실을 알고 있었는데도 누구 한 사람 삶을 포기한 사람이 없었다. 그 때문이었을까. 그분들은 거동이 편치 않았지만 눈빛은 늘 편안하고 희망에 가득 차 있었다. 체념의 미학! 모든 걸 받아들이는 가운데 하나뿐인 자기 생명이 하루하루 스러져간다는 절망조차 편하게 받아들이며 치열하게 투병 중인 이분들을 보면서 '이처럼 깨끗한 마른 잎이 있을까' 하는 생각이 들었다. 그래서 나는 그런 분들에게 조금이나마 도움이 될 일이 무엇일까 궁리하다 요양원 뒷산에 오솔길을 단장하기 시작했다. 뒷산에 나 있는 오솔길은 그간 발길이 뜸해 길이 끊긴 곳도 있고, 길로 보이는 곳도 잡초가 우거져 제구실을 못 하고 있었다.

환자들의 대부분이 걸음을 걷기조차 힘든 형편이니 사실 산책로라는 게 무의미할 수도 있었다. 그래도 몇몇 분들은 오솔길을 거닐며 산책하는 걸 즐겼다고 하는데, 길이 엉망이 되어버린 탓에 그나마 포기하고 있는 상태였다. 나는 그분들에게 아주 조그마한 희망이라도 되어드리고 싶었다. 거동이 불편한 분들은 내가 부축해서라도 산책을 도울 수 있지 않겠는가 하는 생각이 들어 낫하고 톱을 들고 오솔길로 올라갔다. 며칠 힘을 쓴 끝에 빙 둘러 한 바퀴 걸어 나오는 오솔길이 다듬어졌다. 그런데 길이 잘 단장되자 요양원 식구들이 모두 어린아이들처럼 좋아하는 것이 아닌가.

일상의 즐거움이 진정한 행복

환자들은 요양원에서 철저하게 채식 위주의 식생활을 하고 있었다. 재료는 모두 유기농 농산물이었는데, 맵고 짠 음식은 금물이었다. 간장 대용으로 다시마와 표고버섯을 우린 국물을 쓰는 식이었다. 처음엔 음식이 입에 맞지 않아 고역이었는데, 며칠 입맛이 길들여지니 이렇게 몸에 좋은 음식이 없었다. 위에 전혀 부담감이 없었고, 배변도 편했다. 그런데 환자들은 그게 아니었다. 한 번만이라도 속을 확 풀어주고 입맛을 돋워주는 매운 음식을 먹고 싶어 했다. 요양원 근처에 사는 한 농부가 개울에다 오리를 몇 마리 풀어 기르고 있었다. 강남 고속버스터미널에서 꽃 가게를 하다 요양

 나는 태도로 운명을 움직인다

원에 들어온 한 분이 오리를 물끄러미 쳐다보더니 나에게 지나가
는 말투로 이렇게 말하는 것이었다.

"김 선생, 저 오리 말이야. 내가 저거 한 번 먹어보고 죽으면 소
원이 없겠네. 허허……."

이 말을 듣던 전직 디자이너였던 여자분이 말을 받았다.

"아이고, 난 고기는 싫고 흰 쌀밥에 고춧가루 시뻘겋게 버무린
배추 겉절이, 그거 쭉 찢어가지고 한 입 가득 먹어봤으면……."

이 말을 듣는 순간 눈물이 핑 돌았다.

'행복이라는 것이 이렇게 상황에 따라 달라지는구나. 우리 삶이
라는 게 이렇게 단순한 것을…….'

그분들과 함께하면서 나는 그렇게 끊기 힘들었던 담배를 끊어
버렸다. 자신의 곁을 어른거리는 죽음의 그림자와 싸우는 사람들
앞에서 담배를 입에 무는 것은 예의가 아니라고 생각했다. 나는
그분들을 통해 삶의 일상적인 즐거움이 진정한 행복이 될 수 있다
는 것을 깨달았다. 더불어서 욕심을 부리고 사는 것이 얼마나 의
미 없는 것인가를 절감했다.

'나는 이분들에 비하면 가진 게 너무 많구나. 그런데도 잡지 내
는 계획이 어그러졌다고, 분노에 휩싸이고 이렇게 속을 끓이는 꼴
이라니…….'

부끄러웠다. 한 달 가까이 요양원에서 지내면서, 나는 세상 그
어디에서도 얻지 못한 큰 교훈을 얻은 셈이었다.

요양원에서 나와 서울로 올라올 때는 진달래꽃 봉오리가 영글

어갈 무렵이었다. 내가 떠나는 걸 아쉬워하는 환자분들에게 진달래가 활짝 필 때쯤 인사차 다시 내려오겠다는 말을 남겼으나 결국은 지키지 못한 약속이 되고 말았다. 두어 달 뒤 친하게 지냈던 꽃가게 아저씨가 돌아가셨다는 소식을 들었다.

지금도 나는 울화가 치미는 일이 생기면 조용히 눈을 감고 2000년 봄에 만났던 요양원 환자분들을 떠올린다. 그분들의 마른 잎처럼 깨끗한 얼굴을 마치 어제 본 듯 떠올리면 마음이 맑고 넓은 호수처럼 차분해진다.

'노하기를 더디 하는 자에게 복이 있을진저!'

우리는 살아가면서 여러 번의 슬럼프를 겪게 된다. 슬럼프를 지혜롭게 극복해야 다시 힘을 내 도전할 수 있다. 위기가 없으면 발전도 없다. 또한 위기를 맞은 시간 속에서 스스로의 모습을 더 객관적으로 바라볼 수 있게 된다.

잡지 창간이 실패로 돌아갔지만 그 사건은 오히려 나 자신을 돌아보는 소중한 기회가 되었다. 두 달이 지나 Y가 깨끗하게 출간된 〈락 인 재팬〉 창간호를 들고 사무실로 찾아왔다. 나는 진심으로 Y를 축하해주었다.

인생이라는 숲길에는 오르막과 내리막이 있다. 계속 오르는 것만이 능사가 아니며, 내리막이라고 해서 막장으로 가는 것도 아니다. 오르막에서는 조급함을 버리고 겸손하게, 내리막길에서는 더 큰 기대와 믿음을 가지고 새로운 희망을 다시 품어야 한다.

행동
;사람을 감동시키는 힘

교육은
모르는 것을 알게
해주는 것이 아니라
행동하지 않는
사람을 행동하도록
가르치는 것이다.

_마크 트웨인

새해에는 당직 한번 서보는 게 꿈입니다

소설책을 좋아했던 초등학교 저학년 시절, 한동안 무협지의 매력
에 심취해 형들이 읽던 『삼국지』와 『도쿠가와 이에야스』를 읽고,
마을 뒷산에 올라가 소나무로 장검을 만들어 친구들과 칼싸움 놀
이를 하던 시절이 떠오른다. 나이에 맞지 않게 동화책보다 단행본
무협지를 즐겨 읽었는데 아버지가 돌아가신 이후로는 경제적 사
정이 나빠져 오랫동안 책을 사볼 형편이 되지 않았다. 그러다가

군 제대 후 출판사에 다니시던 외삼촌이 『손자병법』, 『초한지』 같
은 단행본을 가져다주셔서 다시 독서 삼매경에 빠져들었다. 그리
고 그때부터 출판사에 취직하면 마음대로 소설책을 읽을 수 있다
는 삼촌 말씀에 매혹되었던 듯하다. 그러던 중 인연이 닿아 고려
원이라는 출판사에 창고관리 임시직으로 입사하게 되었는데, 이
것이 내 출판 인생의 첫걸음이었다.

비록 시간제 아르바이트였지만 출판사에서 일한다는 것만으로
도 나는 좋았다. 여기서 열심히 배워 나도 언젠가는 책 만드는 일
을 하겠다고 결심한 것도 그 무렵이다. 임시직이란 열악한 여건
때문에 대부분의 아르바이트 직원들은 며칠을 못 넘겼지만, 나는
출판인의 꿈을 키웠기에 열심히 일했다. 말보다는 행동을 먼저 보
여줘야 한다고 생각했기에 모든 일에 솔선수범했다. 언제나 40여
분 전에 출근해 화장실 청소를 도맡았고 궂은일을 마다하지 않았
다. 요즘은 자동 포장 기계가 있지만 내가 막 입사했던 시절에는
그런 것도 없어서 손으로 일일이 책을 포장하느라 손바닥이 곰 발
바닥처럼 거칠어지고 상처가 가실 날이 없었는데 나는 요령 피우
지 않고 일했다. 하루에도 수천 권의 책을 박스에 포장하고 지게
에 지고 계단을 오르내리며 배송 작업을 열심히 했다. 또 종로 네
거리 인근 서점에 책을 배달하기 위해 자전거에 내 키보다 더 높
이 책을 싣고 위험한 차도를 누볐고, 책 도매점들이 모여 있는 동
대문 좁은 골목길을 하루에도 수십여 차례 등짝에 책을 진 채로
들락거렸다. 모든 직원들이 꺼리는 배본 업무였지만 나는 결코 요

　　　　　　　　　　　　　　　나는 태도로 운명을 움직인다

령 피우지 않았다. 우연한 기회에 찾아온 나의 꿈 '출판사 직원'이 되고 싶다는 소망이 간절했기 때문이다.

그렇게 1년이라는 시간이 지나고 어느덧 연말 망년회가 되었는데 그때 영업 담당 부서장이 직원들에게 술잔을 돌리며 '새해 각오를 듣고 싶다'고 했다.

내 순서가 되어 말할 기회가 왔지만, 나는 정직원이 아니었기에 비통한 마음으로 옆자리 직원에게 마이크를 넘겼다. 그런데 그때 부서장님이 나에게 말할 기회를 주는 것이 아닌가. 나는 그때 부끄러움을 무릅쓰고 조심스럽게 말했다.

"새해에는 당직 한번 서보는 게 꿈입니다."

당직은 정규직 직원이 공휴일에 돌아가면서 회사에 나와 근무를 하는 제도였다. 사실 휴일에 회사에 나와 근무하는 것을 좋아할 사람이 어디 있겠는가. 나는 정규직 직원이 되고 싶다는 것을 그렇게 돌려서 말했던 것이다. 그런데 그날 나의 발언이 계기가 되어 결국 나는 정규직 직원이 되었다. 다 부서진 철제 책상이었지만 회사 안에 정식으로 내 자리가 생겼다는 것이 그렇게 좋을 수가 없었다. 모두가 퇴근한 후에도 회사에 혼자 남아 책상을 만지작거리는데 콧등이 찡하게 시렸다.

거센 파도가 유능한 선장을 만든다

그리고 그로부터 10여 년 후 현장에서 쌓아온 경험과 실력으로 나는 동양문고(동양북스의 전신)라는 출판사를 인수하게 되었다. 하루 24시간이 모자랄 정도로 열심히 일한 덕에 오래지 않아 일본어와 중국어 그리고 기타 외국어 교재 전문 출판사로 상위의 자리를 고수하게 됐지만, 나는 거기에 만족할 수가 없었다.

출판사에도 변화가 필요했다. 30여 년이 넘는 오랜 역사와 전통을 가지고 있다지만 그것이 전부가 아니었고 자랑일 수도 없다. 우리 출판사는 주로 독학용 교재를 출간한다. 학원에 갈 수 없는 독자들 또는 시간이 없는 샐러리맨들을 겨냥하여 만든 외국어 첫걸음 시리즈는 온·오프라인 서점 베스트 차트 최상위에 등재되어 있다. 하지만 도덕성보다 영리를 앞세운 몇몇 출판사들이 우리 책을 표지와 편집 형태까지 그대로 모방하여 시중에서 버젓이 판매하고 있는가 하면, 유사한 첫걸음 시리즈가 무려 100여 종이 넘게 출간되었다.

외관상 독자들의 선택의 폭이 확대된 것처럼 보일 수 있지만, 내용의 질이 창의적이지 못하고 대부분 조악하기가 이를 데 없었다. 전문성이 인정된 교재를 우선 진열하는 외국의 서점과 달리, 우리나라 서점의 대부분은 전문성을 떠나 신간 우선으로 책을 진열하기 때문에 좋은 내용의 교재를 독자들이 선택하기에는 무리가 있었다. 달라야 했다. 변해야 했다. 변화가 절실한 순간이었다.

임직원 전체가 모여 토론을 거듭했다. 마침내 'dongyangtv.com'이라는 인터넷 홈페이지를 통해 모든 외국어 교재의 무료 동영상 서비스를 제공했다. 대한민국 최초의 동영상 인터넷 강좌, 그 시대의 막을 우리 출판사가 올리게 된 것이다.

그런데 호사다마(好事多魔, 좋은 일에는 방해되는 일이 많다)라고 했던가. 그렇게 출판사가 안정을 찾을 즈음 청천벽력 같은 재앙이 일어났다. 인쇄소 화재로 우리가 만든 책의 필름이 모두 재로 날아가버린 것이다. 요즘이야 CD나 하드 드라이브에 자료를 저장할 수 있지만, 1990년 당시에는 그런 시스템이 없었다. 인쇄소에 보관된 필름이 불에 탔다는 것은 더 이상 책을 인쇄할 수 없다는 뜻이었다. 정말이지 그 당시 느꼈던 허망함과 상실감은 어떤 말로도 표현할 수가 없다. 매일 신세를 한탄하며 술독에 파묻혀 살았다. 그런데 그때 직원들이 찾아왔다.

"죽어도 같이 죽고 살아도 같이 살기로 맹세했습니다. 사장님, 힘내세요. 다시 할 수 있습니다."

직원들은 이렇게 말하면서 월급 통장으로 대출한 3000만 원을 내 앞에 내려놓았다. 가슴이 울컥하더니 눈물이 솟구쳐 고개를 들 수가 없었다. 직원들의 말에 감동한 나는 다시 시작하리라 마음을 굳게 먹었다. 마침 막내 동생이 미국으로 2년 과정의 MBA 석사과정을 떠난 틈을 이용해 집을 처분하고 동생 집으로 들어갔다. 우리 사정을 딱하게 여긴 서점주가 선수금을 당겨주기도 했고, 대구 서점의 한 직원은 적금 통장을 해약해서 빌려주기까지 했다.

수백 여 종의 책을 다시 입력하고, 편집했다. 나도, 직원들도, 밤낮없이 일했다. 이렇게 1년을 고생해 발행한 책들의 60퍼센트 정도를 복원했다. 그런데 이러한 고된 과정이 오히려 전화위복이 될 줄이야……. 지난 책들을 시류에 맞게 다시 재편집하니 보기가 좋아졌을 뿐 아니라 시장 반응도 좋아 예전보다 더 잘 팔린 것이었다. 불난 집에 재물 들어온다더니, 그 말이 맞아떨어지는 순간이었다. 그때 직원들의 헌신적인 노고가 없었다면 오늘날의 동양북스는 존재하지 못했을 것이다. 이 자리를 통해 다시 한 번 출판 가족들에게 고개 숙여 감사드린다.

한 기업이 우뚝 서기까지 로또처럼 한방에 거저 되는 일은 많지 않다. 숱한 역경과 위기의 과정이 닥치고 그 순간을 적극적인 행동으로 이겨내고 때로는 인내로 버텨내야 가능한 일이다. 사실 불이 나 모든 자료를 잃어버렸을 때를 되돌아보면 지금도 끔찍하다. 그런데 생각해보면 그 일이 있기 전까지 항상 발로 직접 뛰며 사업을 일구고 시련 속에서 나를 단련했던 경험들이 큰 힘이 되었다. 세파에 시달리지 않고 얻은 성공은 쉽게 허물어지게 마련이다. 거센 파도가 유능한 선장을 만들고, 뜨거운 불에 달구어진 쇠가 좋은 연장이 되는 법이다. 그래서 나는 사업을 시작하는 젊은 친구들에게 밑바닥 정신으로 일하라고 주문한다. 무슨 일이든 발로 뛰어야 진짜다. 그래야 진짜 살아 있는 내 귀한 자산이 된다.

기회를 놓치지 않는 방법

누구에게나 일생을 사는 동안 몇 번의 기회가 찾아온다. 그러나 그것이 진짜 기회인지 알아차릴 사이도 없이 소극적인 행동이나 잘못된 판단으로 날려버리는 경우도 엄청나게 많다. 왜 이렇게 많은 사람들이 아까운 기회를 놓치는 걸까? 그것은 물론 평소에 준비를 하지 않았기 때문이다. 그리고 또 한 가지 기회를 기회로 알아볼 만큼 심사숙고하지 못하기 때문이다. 기회는 위기의 얼굴로 변신해서 다가오기도 한다. 나의 경우에도 출판사를 뒤덮은 화마가 위기의 얼굴로 찾아왔지만, 나와 직원들 모두 힘을 합쳐 오히려 성공의 발판으로 삼지 않았던가.

지금 당신의 주변에도 일생일대의 좋은 기회를 잡은 사람들이 있을 것이다. 그런 사람들을 부러워만 하지 말고 그들을 잘 관찰하라고 권하고 싶다. 왜 자신에게는 한 번도 기회를 주지 않느냐고 하늘을 원망만 하지 말고 자기 스스로를 되돌아보라고 말하고 싶다. 변화를 두려워하지는 않았는지, 입으로만 일하는 건 아니었는지, 해보지도 않고 '이건 절대 불가능한 일이야' 하고 겁부터 먹지는 않았는지 다시 한 번 생각해봐라. 만약 내가 창고관리 임시직을 하찮은 일로 치부한 채 출판업을 꿈꾸지 않았다면 지금의 나는 존재하지 않았을 것이다.

우리는 흔히 역경을 이겨낸 사람들에게 '기적을 이뤄냈다'는 칭송을 하곤 한다. 그러나 내가 보기에 기적이란 없다. 다만 최선을

다해 노력하는 사람이 초인적 능력을 발휘하는 것이다. 대부분의
사람에게는 이런 능력이 있지만 발휘하지 않을 뿐이다. 죽을힘을
다해 노력하는 사람. 신은 절대로 그런 사람을 버리지 않는다.

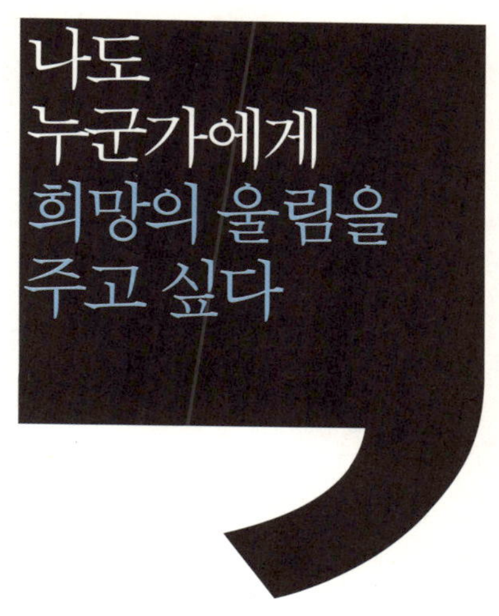

선생님의 말 한 마디

이사를 50여 차례 다녔다. 초등학교 때는 교육자이신 아버지를 따라 학교를 다섯 군데나 옮겨 다니느라 이사가 잦았고 중·고등학교 때는 수택리라는 한 동네에서 더 싼 집을 찾아 일곱 번이나 집을 옮기기도 했다. 그렇게 이사를 밥 먹듯 했던 초등학교 시절부터 중학교, 고등학교 중퇴, 직업훈련원과 복학에 이르기까지 남들보다 몇 배는 더 많은 학교에 다닌 듯하다. 그런데 참 희한하게도 이렇게 많은 학교를 다니면서도 나는 참 적응을 잘했다. 어디를 가든 쉽게 친구를 사귀고 금방 분위기에 적응한 나는 사실 한 번도 반장을 놓쳐본 적이 없을 정도로 사교성이 뛰어난 아이였다. 그런데 그것은 초등학교 2학년 때 담임이셨던 허봉수 선생님이 나에게 들려준 한 마디가 결정적이었다.

초등학교 2학년 때 나는 서울에서 지방으로 전학을 갔다. 그때 시골 아이들은 모두 천으로 만든 책보라는 것을 들고 다녔는데 나만 유일하게 가방을 들고 다녔다. 그러니 곧 아이들은 나를 시기, 질투하게 되었고, 골탕을 먹이려고 그랬는지 엉뚱하게도 나를 반장으로까지 추대했다. 그러고는 집단으로 놀리기 시작했다. 한마디로 왕따가 되어버린 나는 선생님을 찾아가 사정을 이야기하고 더 이상 반장을 못 하겠다고 호소했다. 그때 선생님은 나에게 이런 말씀을 들려주셨다.

"태웅아, 난 너처럼 멋진 녀석을 처음 봤어. 넌 정말 훌륭한 반장감이야. 나중에 어른이 되면 훌륭한 대통령이 될 수도 있을 만큼 넌 멋져."

그 말을 들은 이후부터 나는 친구들이 아무리 놀려도 별로 신경 쓰지 않게 되었다.

'난 니들과 달라. 난 정말 멋진 아이란 말이야.'

속으로 선생님의 말씀을 곱씹으며 나는 매우 사교적이고 자신감이 넘치며 변화된 환경에도 잘 적응하는 사람으로 성장할 수 있었다.

음악은 나의 희망

그와 마찬가지로 내가 음악에 열정을 갖게 된 것도 어린 시절, 나를 알 수 없는 세계로 이끌어주던 어떤 소리 때문이었던 듯하다.

초등학교 시절, 교사였던 아버지를 일찍 여의어 갑자기 생활고에 허덕일 무렵, 기거할 곳 없는 우리 가족은 경기도 구리시 인창동 철로 주변 야산의 작은 공터에 보금자리를 틀었다. 이름 하여 새마을 달동네. 말이 집이지 판자 같은 골재로 얼키설키 벽을 만들고 그 위에 비닐로 하늘만 덮은, 전형적인 달동네 꼬막 집이었다. 겨울에는 바깥공기가 너무 차가웠다. 추위에 떠는 동생들이 안쓰러워 물먹은 신문지로 모든 틈새를 막았다가 결국 공기가 통하지 않아 연탄가스에 중독되어 죽을 뻔한 적도 있었다.

그때 다행히 일을 마치고 돌아오신 어머니 덕분에 우리는 목숨을 건졌지만 어린 내가 감당하기에는 힘들고 고된 날들이 계속되었다. 형이 한 분 계셨지만 공장에서 기숙하며 목공 기술을 배우느라 언제나 내가 가장 역할을 해야 했다. 초라한 반찬 그릇을 밥상 위에 올려놓고, 동생들 입에 밥이 꾸역꾸역 들어가는 걸 지켜보고 나면 해진 이부자리를 깔았다. 우리는 전기 요금을 아끼기 위해 조금이라도 일찍 잠자리에 들어야만 했다. 새까만 어둠 속에서 쌔근거리며 자는 동생들의 숨소리. 나는 그 숨소리를 들으면 저도 모르게 가슴이 먹먹해졌다. 그리고 온갖 상념들이 끝도 없이 피어나 꼬리에 꼬리를 물고 이어졌다.

그런데 그때 끝없는 상념들을 먼지 털어내듯 머릿속에서 싸악 걷어내주는 소리가 있었으니, 그것은 바로 아코디언 소리였다. 어둠 속의 적막을 뚫고 끊어질 듯 이어지는 아코디언 소리. 누가 연주하는지는 정확히 알 수 없지만, 우리 동네 골목골목을 휘어 감는 애절한 멜로디가 어린 내 머릿속에 새로운 희망을 채워주었다. 지금 아프지만 언젠가는 쾌유될 수 있을 거라는 믿음, 고단한 마음이 조만간 편히 쉴 수 있으리라는 확신……. 그 시절, 아름답고도 슬픈 아코디언 소리로 듣던 '섬집 아기'는 나에게 희망의 메시지가 되어주었다. 그 음악을 들으면서 나도 언젠가는 누군가에게 희망의 울림을 주고 싶다는 생각을 어렴풋이 했던 것 같다.

그렇게 어린 시절에 꾸었던 꿈을 행동에 옮기기 위해 나는 느지막이 용기를 내어보았다. 그런데 아무래도 아코디언을 배우기 전에 피아노를 먼저 배우는 것이 나을 듯싶어 우선 전자오르간을 구입하고 학원 수강증을 끊었다. 하지만 물고기가 유영하듯 자유로이 건반 위에서 뛰어 놀아야 할 나의 손가락은 세월의 흐름에 깊게 길들여져 새로운 시도를 받아들이지 못했다. 레슨 선생님은 시간과 노력이 많이 필요하고, 끝까지 물고 늘어지면 어느 정도는 가능하겠지만 아무래도 어린 나이에 배우는 것보다는 한계가 있다고 조언했다.

그래서 나는 고민 끝에 건반을 그만두고 색소폰을 배우기로 결심했다. 테너 색소폰! 케니 지와 데이브 코즈의 연주를 귀가 닳듯 들으며 3년이라는 시간 동안 열과 성을 다해 연습했다. 틈만 나면 연습실에서 시간을 보냈기 때문에 어느 정도 효과를 봤다. 나는 군부대 공연 연주자로 무대에 서거나 학교 축제에 초대되기도 하면서 많은 이들 앞에서 연주자로 활동했다. 그중에서도 노인 복지관 행사에 초대되어 노인들과 함께한 순간은 내 생애 잊을 수 없는 보람찬 기억으로 남아 있다.

그런데 생각지도 못한 황당한 사건이 일어나고 말았다. 바로 치아 교정 사건이었다. 우연한 기회에 치아 교정 전문의인 후배를 사석에서 만나 상담을 받게 되었는데 나이를 먹으면 풍치가 될 수 있으니 덧니 치아 교정을 받으라는 그의 권고에 덜컥 대공사를 시작했던 것이다. 그러나 뼈의 생성이 더딘 중년의 나이에 시작한 치아 교정 공사는 나에게 최악의 상황을 안겨주었다. 5년 동안이나 치아 교정을 진행하면서 잇몸이 점점 약해지더니 급기야는 치아 전체가 흔들리는 충격적인 결과가 나타난 것이다. 색소폰 리드를 치아로 살짝 물고 입술로 바람구멍을 막아 관을 통해 소리를 내야 하는데, 더 이상 악기를 부는 것조차 힘이 들었다. 3년을 넘게 공들여 이룬 색소폰 연주는 그렇게 막을 내려야 했다.

그러나 항로는 바뀔지언정 포기란 있을 수 없는 법. 나에게 맞는 악기에 대한 조언을 얻어 드럼을 선택하고 다시 음악을 시작했다. 나이를 먹으면 운동신경이 저하되어 어쩔 수 없이 한계가 있다는 것을 피아노 레슨을 통해 이미 한 번 겪은 바가 있었지만 그래도 음악을 그만두고 싶지는 않았다. 물론 함께 레슨을 받는 젊은이들을 쉽게 따라갈 수 없는 것은 당연했다. 이를 악물고 더 많은 시간을 투자하고 연습했다. TV를 보면서 가족과 대화를 나누면서 그리고 식사를 기다리는 막간을 이용해 끊임없이 고무 패드에 스틱을 두드리는 일을 반복했다. 길거리를 다닐 때도 기구를 들고 다니며 틈나는 대로 팔목 강화 훈련을 했다. 가끔 버스 안에서 혼자 팔목을 흔들면 이상한 눈으로 쳐다보는 사람이 있어 민망하기도 했지만 개의치 않았다.

그런 과정을 통해 나는 드러머가 되어 대학 축제 무대에 올랐고, 모교 동문 행사와 군 위문 공연에 초청받아 3년 전 색소폰을 연주하면서 느꼈던 감동과 환희를 다시 맛보았다. 동료들과의 협연, 관중의 열띤 박수로 나는 어느새 '작은 뮤지션'으로 거듭난 것이다. 그리고 드디어 2013년 하반기에 〈버킷 리스트〉란 TV 프로그램에 드럼 연주자로 출연하여 미완의 완성을 이루었다.

형이라 불리는 사나이

신학기를 맞은 학교 금잔디 광장에는 신입생들을 불러 모으기 위한 여러 동아리의 홍보전이 시골 장터를 방불케 할 만큼 한창이었다. 이것이야말로 대학 캠퍼스에서 누릴 수 있는 낭만이 아니던가. 나는 친구가 입학 기념으로 사준 배낭을 어깨에 걸머지고 이곳저곳 음악 동아리를 기웃거리며 가입을 시도해보았다. 그러나 기대와 달리 나에게 관심을 보이는 곳을 찾기란 쉽지 않았다. 언

 나는 태도로 운명을 움직인다

젠가 누군가에게 희망의 연주를 해주고 싶다는 생각을 했던 나는 대학에 들어가면 꼭 음악 동아리에 들어가 세대를 초월하여 문화를 공유해보려고 했건만 시작도 하기 전에 난관에 봉착하고 말았던 것이다. 세대의 갭은 생각보다 훨씬 두터웠다. 음악은 국가와 민족 그리고 세대를 떠나 하나가 될 수 있다고 주장하는 뮤지션들의 주장을 너무나 단순하게 받아들였다는 생각에 한숨이 나올 지경이었다. 그러다 마지막으로 기대했던 동아리에서도 거절당하자 나는 실로 엄청난 충격과 좌절에 빠지고 말았다. 갑자기 드넓은 대학 캠퍼스가 뿌옇게 보이더니 가슴마저 조였다. 어지러움증에 다리가 휘청거려 가까스로 중앙 도서관 뜰에 놓여 있는 의자에 걸터앉았다. 한 줄기 눈물이 볼을 타고 흘러내렸다. 새삼 깨달았지만 머리가 허옇게 센 아버지 같은 중년의 늙은이를 어떤 젊은이가 선뜻 자신의 울타리 안으로 받아들여주겠는가.

그러나 정확히 3년 후 대학 축제 때, 나는 드넓은 학교 운동장에서 신나게 드럼을 연주했고, 대학생들의 열광적인 박수를 받으며 그들과 함께 소통했다. 나이라는 현실의 벽에 가로막혀 동아리에 가입하지는 못했지만 드럼 학원이라는 우회적인 길을 선택하여 실력을 연마하고 더욱 노력함으로써 기어코 젊음의 광장에 진입한 것이다. 그들이 나를 받아주지 않는다고 해서 망연자실 가만히 있을 수만은 없었기에 나는 또다시 행동으로 길을 열었다. 그 결과 내 아들보다 어린 학우들이 지금은 나를 형이라고 부르고 있다.

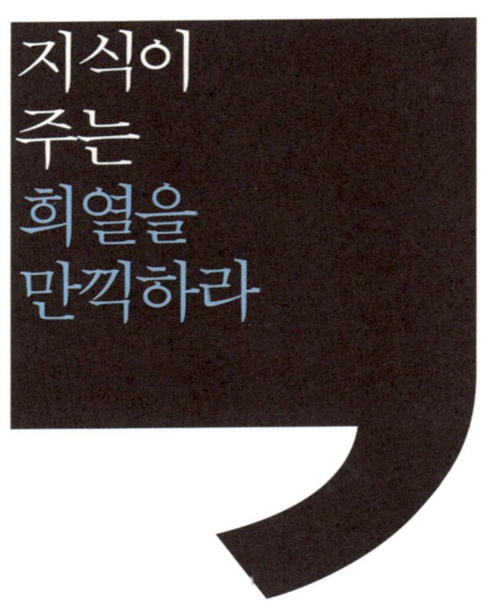

지적 만족감이 주는 기쁨

전문 산악인과 취미 산악인이 함께 등산을 했다. 취미 산악인은 산을 오르면서 전문 산악인에게 배울 점이 뭘까 싶어 열심히 곁눈질을 했다. 그러나 아무리 봐도 자기와 다른 점이 뭔지 알 수 없었다.

'전문 산악인이라는데 별거 없잖아? 나도 암벽 정도는 탈 수 있어. 이 정도를 전문이라고 하다니.'

그는 속으로 자기도 모르게 전문 산악인을 비웃으며 자신감을 갖고 암벽을 타기 시작했다. 그런데 암벽을 타다 아차 하는 순간 발을 헛디뎌 부상을 당하고 말았다. 암벽 중간에서 이러지도 저러지도 못한 채 공포에 떨고 있는 그에게 전문 산악인이 다가와 팔을 뻗었다. 전문 산악인은 자신의 허리에 부상당한 취미 산악인의 로프를 단단히 묶고 단숨에 암벽을 타고 내려왔다. 그리고 익숙한 솜씨로 응급처치를 한 다음 혼자 걷기도 힘든 산길을 취미 산악인까지 업고 사뿐히 내려왔다. 취미 산악인의 마음에는 부끄러움과 함께 감동의 물결이 밀려왔다.

'아, 이것이 프로와 아마추어의 차이구나!'

등산 이야기를 갑자기 꺼낸 이유는 많은 학생들이 대학 진학을 높고도 험한 산에 오르는 것에 비유하기 때문이다. 등산을 위해서는 전문 지식과 단단한 체력이 필요하다. 대학 진학이라는 산에 오르기 위해서도 마찬가지이다. 학생이 가져야 할 전문성을 갖춰야 대학 진학이라는 산에 비로소 오를 수 있다. 그렇다면 그 전문성을 어떻게 길러야 할까? 겉보기엔 평범해도 시험에선 늘 최상위권을 유지하는 학생. 이런 학생은 어느 학교에나 있다. 우선 그런 학생들을 연구해보는 것도 좋은 방법 중 하나이다. 나 역시 그렇게 공부 잘하는 학생들을 분석해본 적이 있다. 그런데 그런 학생들의 공통점이 뭔 줄 아는가? 그것은 바로 같은 공부를 해도 단순히 교과서만 파고들지 않는다는 것이다. 그들은 교과서로 공부하다 궁금증이 생기면 관련 책이나 백과사전을 뒤져 주변 지식까지 쌓아간다. 그렇게 시야를 넓혀 지식을 익히는 것이다. 평소에 이런 훈련을 꾸준히 반복한 학생들은 난도 높은 문제를 만나도 당황하지 않을 정도로 지식의 수준이 높다. 이 글을 읽은 당신은 공부하면서 어려운 문제가 생겼을 때 누구의 도움도 없이 스스로의 힘으로 풀어본 경험이 있는가?

"아, 그래! 바로 이거야. 알았어!"

아르키메데스가 유레카를 외치듯 이렇게 탄성을 질러본 기억이 있는가? 만학도인 나에게 가장 큰 기쁨은 바로 이렇게 외치며 느끼는 지적 만족감이었다. 처음 고등학교로 복학한 후 국어 교과서에 실린 시를 읽으며 생전 처음 가슴 떨리는 감동을 느꼈다. 책을 기획하고 작가를 섭외하여 우여곡절 끝에 출간한 첫 책을 손 안에 든 신입 편집자처럼 나는 설레고 뿌듯했다. 사회생활을 하면서 잊고 살았던 것들, 몰랐던 것들을 알아가면서 느끼는 지적 만족감은 그 어디에서도 맛볼 수 없는 기쁨이었다. 그러나 다시 고등학교로 들어가기 위해 공부를 시작했을 때부터 지적 만족감을 느낀 것은 아니었다. 또한 항상 지적 만족감에 기쁜 상태도 아니었다. 마치 연애처럼 어느 순간 설레는 마음은 눈 녹듯 사라지고 낯선 타인이 주는 불편함에 진저리가 나듯 공부가 싫어질 때도 있었다. 공부도 연애처럼 차근차근 단계를 밟아야 했기에 처음에 나는 힘든 기초 과정을 견뎌야 했다. 인터넷 게임이 아무리 재미있다고 해도 게임 규칙을 모르고 단축키도 못 외운다면 별 재미를 느끼지 못할 것이다. 그것과 마찬가지로 공부가 아무리 재미있는 것이라 해도 교과

　　　　　　　　　　　　　　　나는 태도로 운명을 움직인다

서를 펼쳤는데 모르는 영어 단어나 수학 공식이 한 페이지에 열 개 이상 나오면 시작하기도 전에 책을 덮어버리고 싶을 것이다. 그래서 나는 복학하기 전, 1년 동안 영어와 수학 과외를 받았는데 새벽마다 회사에 출근하는 것도 부담이었지만 공식과 단어를 외운다는 것 자체가 나에게는 견디기 힘든 고역이었다. 그러나 그때 느낀 고통은 복학한 뒤 큰 만족감으로 돌아왔다. 도저히 내 힘으로 풀 수 없을 것 같은, 이해하지 못할 것 같은 어려운 문제를 풀었을 때의 희열. 그것은 스스로 쟁취한 것이기에 더 값진 것이었다.

시험에도 안 나올 걸 왜 공부해요?

"장편소설? 그거 뭐하려고 읽어? 줄거리만 요약해놓은 자료가 얼마나 많은데."

"관련 도서? 안 봐도 돼. 학원에서 다 요약해주잖아."

대부분의 학생들은 이렇게 생각할지도 모르겠다. 그러나 스스로 만들어낸 지적 만족감이 뭔지 알게 되면 더 많은 만족감을 위해 공부의 범위를 넓혀가게 된다. 국어 교과서를 읽다 보면 그 안에 예시로 든 문학 작품 전체를 읽고 싶어진다. 부분이 아니라 전체 작품의 맛이 어떤지 제대로 알고 싶어진다. 비단 문학뿐 아니라 과학, 수학 같은 과목도 마찬가지다. 단순히 교과서에 실려 있는 내용 외에 더 넓고 깊은 지식을 탐구하고 싶은 마음으로 확산

된다.

"시험에도 안 나올 걸 왜 공부해요?"

물론 이렇게 반문하는 학생도 있을 것이다. 그러나 교과서뿐만 아니라 관련된 지식을 폭넓게 쌓는 일은 단지 성적을 올리기 위해서가 아니다. 이것은 우리의 뇌를 훈련시키는 가장 좋은 방법이 될 수 있다.

잘 알다시피 대학의 수업 방식은 고등학교처럼 주입식이 아니라 상호 토론식이 더 많다. 단편적 지식이 아닌 다양한 지식을 갖추고 있지 않으면 안 된다. 폭넓은 독서가 바탕에 깔려 있는 학생들은 어떤 주제의 글을 읽어도 다양한 지식 체계를 통해서 뛰어나게 해석하는 능력을 갖고 있다. 가지와 잎이 많은 나무일수록 무더운 여름에 시원한 그늘을 제공해주지 않는가! 결국 독서는 공부의 질과 성적에도 좋은 영향을 끼친다. 명문대 합격생에게 비결을 물어보면 공통적으로 하는 말이 있다.

"교과서만 보고 공부했어요."

이 말에 "재수 없어"라고 외치기 전에 한번 생각해보자. 이 말 속에는 우선 교과서를 여러 번 반복해서 독파했다는 뜻이 들어 있다. 그리고 또 한 가지, 교과서에 나오는 책들을 찾아서 읽었다는 뜻이 숨어 있는 것이다.

"전 1, 2학년 때 봤던 교과서도 버리지 않고 다시 훑어봤어요."

왜, 무엇 때문에 그렇게 했을까?

"1, 2년 전에 밑줄 치고 요점 정리해가며 공부한 흔적이 담긴 교과서를 보면 그때 배운 내용들도 금세 기억이 나요."

　이 말을 듣고 혹시 깨닫는 바가 없는가? 스스로의 힘으로 공부한 추억을 소중히 생각하는 그 학생의 마음을. 그런 정성이라면 1등을 못 하는 게 이상하다. 학기 중에 시간이 없다면 방학을 이용해서라도 교과서와 관련된 책들을 찾아서 읽어보자. 명작 소설도 좋고 위인전이나 과학 관련 도서도 좋다. 그렇게만 한다면 방학이 끝날 무렵, 지식의 폭이 훨씬 두터워진 걸 느낄 수 있을 것이다.

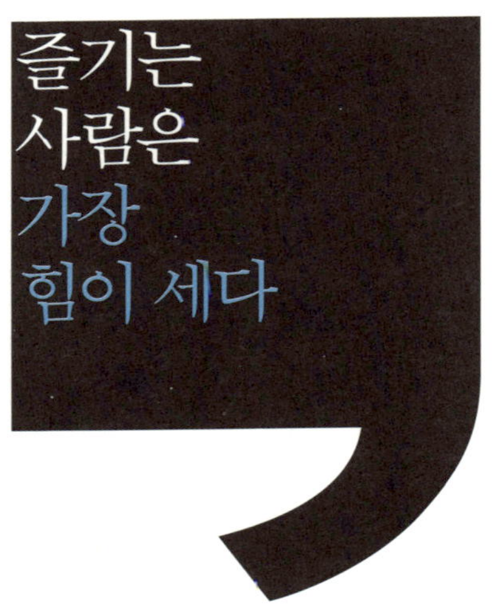

큰형님의 고민 상담

수년 전 늦은 나이로 다시 고등학생이 되었을 때, 나는 학교 수업
이다 학원이다 이리저리 바쁘게 다니며 입시 전쟁을 치르고 있는
우리 반 아이들에게 조금이라도 도움을 주고 싶었다. 뭘 해줄 수
있을까를 한참 고민하다가 생각해낸 것은 '고민 상담'이었다. 우
여곡절 많았던 내 학창 시절의 경험을 살려 아이들이 차마 누구에
게도 말하지 못했던 고민을 내가 들어주면 좋겠다는 생각이 들었

　　　　　　　　　　　나는 태도로 운명을 움직인다

던 것이다. 고민 해결까지는 못하더라도 들어주는 것만으로도 아이들을 위로해줄 수 있지 않겠는가. 생각난 김에 바로 행동으로 옮겨 '뫼오름'이라는 작은 모임을 만들었다. 점심시간이 되면 모임에 들어온 아이들과 함께 학교 뒷산에 있는 작은 오솔길을 걸으며 허물없는 대화를 나누었다. 소수의 아이들과 시작했는데, 처음에 아이들은 어색하고 쑥스러워서 자기 이야기를 잘 하지 못했다. 그러다 시간이 지나면서 점점 친해지고 서로에게 편해지자 아이들은 친한 친구나 부모에게조차 털어놓기 힘든 이야기들을 풀어놓았다. 어느 사이엔가 우리 반 아이들은 나를 '큰형님'이라고 부르고 있었다. 이 대화의 시간을 통해 아이들은 '큰형님'과의 거리를 좁혀나가기 시작했다. 우리 모임의 회원은 처음 한두 명에서 서너 명으로 늘더니 점점 더 많은 3학년 아이들이 가입해서 비교적 큰 모임이 되었다. 그런데 이 시간 동안 도움받은 것은 아이들이 아니라 오히려 나였다. 나보다 훨씬 어린 아이들과 이야기하는 것이 나에게는 정말 즐거웠다. 또 그네들의 이야기를 들으면서 느끼고 배우는 바도 많았다.

어른들은 흔히 요즘 아이들이 영악해졌다고, 어른보다 더 어른 같아서 걱정이라고 말들 하지만, 내가 보기에 극소수의 아이들을 제외한 많은 아이들은 얼마나 순수하고 착한지 모른다. 특히 모임에서 나와 함께 고민 이야기를 하던 아이들은 심성이 곱고 여린 아이들이 많았다. 우리 때와 마찬가지로 아이들의 가장 큰 고민은 성적이었다. 나는 아이들에게 이렇게 물어보곤 했다.

“성적이 떨어지면 가장 먼저 떠오르는 게 뭐야?”

“엄마 아빠의 화난 얼굴이요.”

“선생님한테 야단맞을 일이요.”

“친구들이 한심하게 생각하지 않을까 걱정돼요.”

“이러다 대학이라도 떨어지면 어떻게 얼굴을 들고 다녀요. 창피해서…….”

“예쁜 여친을 사귀려면 명문대에 가야 해요.”

성적에 대해서 물어보면 대부분의 아이들은 이처럼 다른 사람의 시선을 걱정했다.

“그런 고민들은 다 쓸데없는 거야.”

이렇게 단호하게 답하면 아이들은 의아하다는 눈으로 나를 바라보았다. 아이들이 고민하는 내용을 잘 들어보면 공부하는 이유가 자신을 위해서가 아니라 엄마든 선생님이든 다른 사람을 위해서라는 것을 알 수 있다. 공부를 열정적으로 할 수 있는 추진 엔진이 내부가 아니라 외부에 있는 것이다. 그러니 아무리 열심히 공부를 해도 공부의 성과나 내용이 나의 것이 안 되는 것이다. 내 차를 위한 엔진을 남의 차 뒤에 달아놓고, 남의 차에 줄을 매달아 질질 끌려가는 셈이다.

하지만 공부가 내 것이 아니라 남의 것이라면 언제라도 회의를 느끼게 되어 있다. 내가 왜 공부를 하는지, 공부가 왜 인생의 전부인지에 대한 회의에 빠지면 공부에 대해 의욕이 생기는 것이 아니라 그저 의무만 남게 되기 때문이다. 공부의 목표도 단지 좋은 대

     나는 태도로 운명을 움직인다

학에 진학하는 것일 뿐, 그 이후의 인생에 대한 계획 자체도 없고 그야말로 하루살이 인생으로 살아가는 것이다.

이러한 공부의 습성을 잘 알고 있던 나는 이 모임을 통해 아이들에게 진정한 자기 주관과 가치관을 가지라고 말해주고 싶었다. 대학 진학이라는 높은 봉우리를 힘겹게 넘어봤자, 그 뒤에는 더 험난한 봉우리들이 버티고 있다는 것을 이야기해주고 싶었다.

"이 산을 넘으면 평평한 평야가 나오는 것이 아니라 또 다른 산이 나와. 아무리 이를 악물고 기어 올라가도 또 다른 높은 산이 나오거든. 지금 우리가 올라가고 있는 산을 넘는 걸 목표로 삼지 말고, 걷고 있는 이 길, 이 오솔길을 즐겁게 걷는 게 중요한 거야."

내가 이렇게 이야기한 것은 아이들이 누가 시켜서가 아니라 자기가 하고 싶어서 즐기면서 공부하기를 바랐기 때문이었다. 공부할 것이 많아 하루 종일 공부를 한 것 같은데도 막상 자려고 누우면 개운치 않았던 경험을 해본 적이 있는가? 그런 사람은 잘 알 것이다. 시간 가는 줄 모르고 즐겁게 공부할 때가 있다는 것을. 그렇게 공부한 날은 누워서도 공부를 하던 때의 흥분이 채 가시지 않아 잠이 오지 않는다. 시험 때도 마찬가지다. 공부가 그 누구의 것도 아닌 자신의 것이라고 생각하면 시험이 끝나도 공부한 것을 잊어버리지 않는다. 시험이 끝남과 동시에 문제지를 덮어버리는 것이 아니라 의심스런 문제의 답을 찾아보고 틀린 이유를 알아야만 기분이 풀어진다.

도올 김용옥 선생이 방송에서 강의하면서 다시 한 번 국민 대중

서로 거듭난 『논어』의 첫 장은 이렇게 시작한다.

學而時習之(학이시습지) 不亦說乎(불역열호)
배우고 때때로 익히면 또한 기쁘지 아니한가.

공부가 나의 것이라는 확신이 있으면 즐겁고 기쁘게 공부할 수 있고, 즐겁고 기쁘게 공부할 수만 있다면 세간에 떠도는 무수한 공부법들을 섭렵할 필요도 없어진다. 뫼오름 모임을 통해 최종적으로 기대했던 것은 바로 아이들의 입에서 저절로 이런 말이 나오는 것이었다.

"난 공부하는 게 너무 재밌어요. 수학도 재밌고 영어도 재밌고 국어도 재밌어요."

이런 생각을 하는 학생이라면 누가 시키지 않아도, 성적이 오르지 않아도 좋아서 공부한다. 공부가 일이 아니라 놀이가 되었기 때문이다. 반면 학생이기 때문에, 엄마가 하라고 하니까, 선생님한테 혼날 것이 무서워서, 대학에 가야 하니까 억지로 참고 해야 하는 공부라면 정말 힘든 노동이 될 것이다.

자칫 잘못하면 다른 어른들처럼 그저 잔소리를 하는구나 하고 생각할 수도 있을 것 같아 조심스럽기도 했지만 아이들과 지속적으로 이야기를 나누다 보니 역시 생각만이 아니라 행동으로 옮겨 모임을 만들기를 잘했다는 생각이 들었다. 어느 순간 아이들이 나의 진심을 알아준다는 느낌이 들었기 때문이다.

공부하지 말고 즐겨라

아이들에게 '감히' 그런 고민 상담을 할 수 있었던 건 나 스스로 그런 경험을 했다고 자부하기 때문이다. 앞서 이야기했지만 처음 출판사에 창고관리 임시직으로 일하면서 하루에 수천 권의 책을 등에 지고 계단을 오르내릴 때, 다른 이들은 일이라 생각하고 힘들어했지만 나는 다리의 근육을 키우는 운동이라 여겼다. 그랬기 때문에 힘들다기보다는 즐겁다는 마음으로 일하면서 결국 출판인 이라는 꿈을 이룰 수 있었다.

누구나 마찬가지겠지만 어린 시절에는 일이란 게 없었다. 오직 놀이만 있었다. 동화책을 읽는 것도 놀이였고 엄마 심부름을 하는 것도 놀이였다. 엄마와 함께 콩나물을 다듬는 것도 일이 아니라 놀이였다. 나뭇조각 하나가 자동차가 되고, 사람이 되고, 집이 되고, 온갖 상상 세계의 주인공으로 변신하곤 했다. 재미있는 놀이가 얼마나 많은지 자기 전까지 잠시도 가만히 있지 못했다.

그런데 나이가 들수록 놀이는 사라지고 일만 남게 된다. 밥을 먹는 것도 세수를 하는 것도 일이고, 박물관이나 미술관에 가는 것도 숙제 때문에 어쩔 수 없이 해야 하는 일이고, 심지어 자는 것도 내일 공부를 잘하기 위한 일이라고 생각한다. 여기서 논어 옹야 편(翁也編)에 나오는 유명한 구절을 다시 한 번 떠올려본다.

知之者 不如好之者 好之者 不如樂之者

(지지자 불여호지자 호지자 불여락지자)

안다는 것은 좋아하는 것만 못하고,

좋아하는 것은 즐기는 것만 못하다.

너무나 유명한 구절이지만 이것이 그저 좋은 말이 아니라 나의 것이 되는 순간이 있다. 이 구절에 빗대어 말하자면 단지 지식을 얻거나, 무엇이 되려고 하는 공부보다 즐기는 공부가 훨씬 가치 있다. 우리의 교육 현실이 이를 마음 좋게 수용할 수 없기에 그저 안타까운 마음이 들 뿐이다.

나는 태도로 운명을 움직인다

성실

; 만물의 시작과 끝

성실은 만물의
시작이요 끝이다.
모든 것의 근원인
성실이 없다면
아무것도
존재할 수가 없다.

_『중용』 중에서

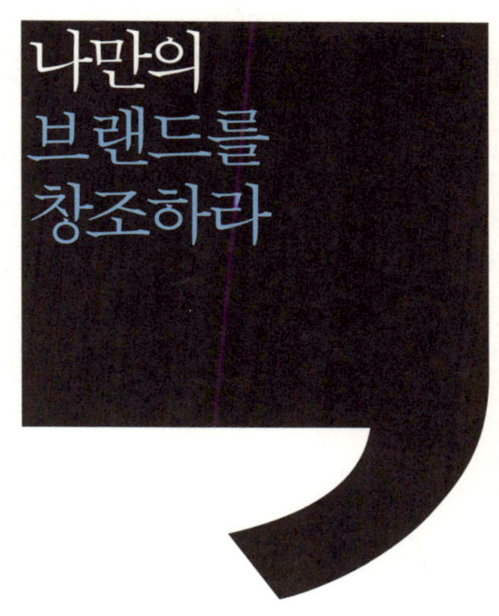

호기심, 성실함을 만나다

청년 실업이 사회문제가 된 요즈음, 인생의 선배로서 취업을 하려는 후배들에게 몇 가지 조언을 해주고 싶다. 특히 면접의 중요성이 점점 커지는 이때 어떤 전략을 써야 다른 후보들과 차별화된 이미지를 남길 수 있을까?

좀 뜬금없는 이야기처럼 들릴지 모르지만 내가 공동으로 운영하는 스케치북이라는 커피 전문점 이야기를 하고 싶다. 일 년 내

내 젊은 예술인들의 작품을 전시하고, 유명인들이 와서 촬영도 자주 하는 이곳은 원래 그저 그런 설렁탕 가게였다. 1년치 월세가 밀려 있을 정도로 그 가게는 장사가 잘되지 않았다. 결국 가게 문을 닫았고 수개월 동안 방치되어 있던 그곳이 지금은 이렇듯 번듯한 카페로 변신하게 된 것이다.

그런데 여기서 내 자랑을 좀 하자면 그 카페의 전체 설계를 비전문가인 내가 도맡아 했다는 사실이다. 나는 설계가 뭔지도 모를 정도로 이 분야에 문외한이다. 그런데 스케치북을 방문한 많은 사람들은 "카페가 너무 멋있어요!" 하고 감탄한다. 과연 그 비결은 뭐였을까? 나는 예전부터 식당이든 가게든 카페든 장사가 잘되는 곳에 가면 호기심이 일었다. 비행기가 나는 것도, 자동차가 달리는 것도 너무나 신기했던 나에게는 장사가 잘되는 가게 역시 너무나 신기해 보였다.

'이 가게는 왜 이리 장사가 잘되지?' 혹은 '이 가게는 목도 좋은데 왜 이렇게 장사가 안 되지?'라는 생각을 하며 그때마다 여러 가게를 사진으로 찍어서 자료를 모아두었다. 그것도 오랫동안 아주 성실하게 말이다. 이것이 바로 내가 설계사로 변신한 비결이다. 공사를 하시는 분에게 내가 모아두었던 사진을 하나하나 보여주면서 벽은 이렇게, 책상과 의자는 이렇게, 외부 환경은 이렇게 해달라고 주문했다. 또 대부분의 카페가 기성품 책상을 사용하는 것과 달리 나는 모든 책상을 자작나무로 직접 만들었다. 이것 역시 내가 모아둔 자료를 보여주면서 책상은 이렇게 만들어달라고

   나는 태도로 운명을 움직인다

주문했기에 가능했다. 결과적으로 더 싼 가격으로 훨씬 아름답고 편리한 책상을 구비할 수 있었다. 나의 호기심이 성실함을 만나지 못했다면 결코 이런 능력을 발휘하지는 못했을 것이다.

혹시 당신이 호기심을 갖고 있는 분야가 있다면 나처럼 꾸준히 자료를 모아보라고 권하고 싶다. 예를 들어 패션에 관심이 있는 사람이라면 길에서 옷 잘 입은 사람을 봤을 때 그냥 지나치지 마라. 사진 한 장이라도 찍어서 자료를 남겨보는 것이다. 그런 자료가 한 장에서 수천 장으로 늘어나면 당신은 패션에 관한 한 준전문가 수준의 안목을 갖게 될 것이다. 그런 당신이 회사의 면접시험에서 이렇게 말해보면 어떨까?

"제가 입사를 하게 되면 우리 회사 직원들의 스타일리스트가 되어드리겠습니다."

만약 면접관이 그 이유를 묻는다면 다시 한 번 이렇게 대답하는 것이다.

"제가 예전부터 패션에도 관심이 많아서요. 패션 감각이 뛰어나신 분들의 사진을 수천 장 모아두었습니다. 지금 면접관님께서 매고 계신 넥타이에 대해서 말씀드리면 지금도 잘 어울리시지만 카키색으로 매치하시면 더욱 잘 어울리실 겁니다."

이렇게 하면 그 면접관은 당신이라는 독특한 브랜드를 확실히 머릿속에 기억할 것이다. 또 다른 후보와 비교했을 때 실력이 엇비슷하다면 '기왕이면 당신이라는 사람'을 선택하지 않겠는가? 그러니 당신의 호기심을 그저 호기심으로 썩히지 마라. 호기심도 성실함과 만나면 자신만의 브랜드가 될 수 있다는 사실을 기억했으면 좋겠다.

승산 없는 면접도 기회다

어떤 면접은 승산이 없다고 느껴질 때가 있다. 그렇더라도 피하지 마라. 모든 면접에 자신만만한 사람은 세상에 없다. 사실 오랫동안 실패하면 옷을 입고 면접 장소에 가는 일조차 어렵게 느껴질 때가 있다. 그러나 그것은 잘못된 생각이다. 지금 당장은 아니더라도 당신이 좋은 인상을 준다면 언젠가 다시 연락할 수도 있고 또 다른 일자리를 알아봐줄 수도 있다. 이것은 내가 출판사를 운영하면서 실제 경험한 이야기이기도 하다.

중문학과를 졸업했는데 요가에 관심이 많았던 어떤 여성이 서울에 있는 유명한 요가 센터에 입사 지원서를 냈다. 하지만 요가 센터 측에서는 요가에 전혀 경험이 없는 그녀를 쉽게 채용할 수가 없었다. 그런데 다행히도 면접관이 중국어 전공자였다. 자신과 전공이 같은 그녀에게 동질감을 느낀 면접관은 그녀의 열정과 인성을 보고 더욱 마음이 끌렸다. 그래서 안타까운 마음에 중국어 교재를 출간하는 우리 출판사에 그녀를 소개해준 것이다. 그것이 인연이 되어 우리 출판사에 입사한 그녀는 『나디아의 현대 요가 백서』라는 스테디셀러를 펴냈고 해외로 수출하는 성과도 일궈냈다.

여기서 재미있는 사실 한 가지를 말하고 싶다. 면접을 보면 볼수록 자신과 비슷한 면접관을 많이 만나게 된다는 사실이다. 당연한 거 아니겠는가? 기회가 많아지면 경우의 수가 늘어난다. 당신의 처지와 상황 등을 봤을 때 자신과 비슷한 점을 발견한 면접관은 마음이 흔들릴 수밖에 없다. 면접관도 사람이기 때문에 자신과 닮은 지원자에게 좋은 정보를 제공하고, 기회를 주고 싶은 것은 인지상정이다. 만약 그 기회가 주어진다면 절대 놓치지 마라.

메이저가 될 수 없다면 온리 원이 되어라

누구나 메이저가 되기 위해 고군분투한다. 메이저가 되면 자신이 원하는 삶을 살 수 있고 많은 사람들에게 영향력을 발휘할 수 있다. 김연아, 이상화 선수처럼 이름 자체가 브랜드인 사람들의 일거수일투족은 모든 사람들의 관심 대상이다.

누구나 그들처럼 주목받기를 원한다. 그리고 그러기 위해 좋은 대학에 들어가고자 밤잠을 포기하고 공부한다. 대기업에서도 메

　　　　　　　　　나는 태도로 운명을 움직인다

이저만을 원하기 때문에 대학생들은 스펙을 쌓기 위해 노력한다. 그러나 그렇게 해서 대기업에 들어가면 모든 것이 만사형통이라고 착각해선 안 된다. 그렇게 치열한 경쟁을 뚫고 대기업에 들어가도 언제든 회사에서 내쳐질 수 있다는 것을 명심해야 한다. 대기업에 다닌다고 으스대다가 쫓겨난 다음에야 자신이 아무것도 아니었다는 사실을 깨닫는 사람도 많다. 단지 어느 회사의 누구로만 기억되면 안 된다. 진정한 메이저는 자신만의 개인 브랜드를 갖고 있다. 그러기 위해서는 우선 자신의 정체성을 고민해야 한다. 무엇보다 자신이 잘하는 일, 간절히 원하는 일을 해야 가능하다. 자기 자신과 진심 어린 대화를 나눠본 적이 있는가? 평생 해도 질리지 않을 만큼 신나는 일, 가슴 뛰는 일이 뭔지 알겠는가? 그것을 알아보는 일. 그것이 나의 개인 브랜드를 구축하는 첫 단추이다.

그렇게 개인 브랜드를 구축한다고 해서 모두 메이저가 되는 것도 아니다. 그러기 위해서는 긴 시간 동안의 끊임없는 노력이 필요하다. 현재 마이너이기 때문에 최고가 될 수 없다는 말이 아니다. 자신만의 독특한 기술을 개발하고 사람들의 머릿속에 각인시키면 언젠가 사람들이 먼저 당신을 알아봐줄 것이다. 그러니 누구도 흉내 낼 수 없는 독창적인 분야를 찾아 자신만의 방식으로 일하라. 그것이 바로 마이너가 택할 수 있는 온리 원 전략이다. 2등은 아무리 안간힘을 써도 기억에 남지 않으므로 1등이 될 수 없다면 온리 원이 되어야 한다. 한눈에 알아보게 자신을 표현하고, 이를 통해 강렬한 인상을 남겨야 한다. 즉 자신의 콘텐츠를 팔기 위해 노력하는 것이 아니라, 사람들이 당신의 브랜드에 열광하게 만드는 것이다.

아무도 원하지 않는 일에 자원하라

자, 그렇다면 어떻게 온리 원 전략을 펼칠 것인가? 스펙이 강점인 경쟁자들 사이에서 당신이 온리 원이 되기 위해서는 어떻게 해야 눈에 띌 수 있을까? 나는 애티튜드, 즉 태도가 모든 것을 이길 수 있다고 말하고 싶다. 특히 책임감 있고 꾸준히 성실한 사람들은 아무도 당해내지 못한다.

우선 책임감 있는 사람들의 경우를 보자. 어떤 조직이든 비난이 두려워 자신이 나서지 않고 다른 사람을 희생양으로 삼는 사람들이 있다. 책임감이란 비난을 두려워하지 않는 태도라는 말이 있는데 이것은 정말 기가 막힌 표현이다.

어떤 형태의 회사든 아무도 하지 않으려는 업무가 있다. 성공 확률이 낮고 시간이 걸리는데도 책임을 져야 하는 업무 말이다. 보통의 사람들은 아무도 원하지 않는 일을 하려고 하지 않는다. 자, 이제 당신이 지속적으로 그런 일들을 자발적으로 떠맡아라. 비난을 두려워하지 말고 묵묵히 자신이 책임지겠다고 해보는 것이다. 이렇게만 하면 얼마 안 가 '그 사람 참 헌신적이고 열정적이

  나는 태도로 운명을 움직인다

다'라는 평판을 얻게 되는 것은 물론이고 향후 승진과 보너스 부분에서도 좋은 평가를 받을 거라고 장담한다. 이와 관련하여 내 경험 하나를 들려주고 싶다.

우리 출판사의 책은 신학기에 대학교 교양 교재로 채택되는 경우가 많이 있는데, 한번은 신학기 밤늦은 시간에 예상치 못하게 2000여 부의 주문이 들어왔다. 하지만 책이 부족해서 교재 공급을 할 수 없게 될 수도 있었다. 교재의 특성상 개강 당일 책이 배본되지 않으면 채택이 불가능해지기 때문이다. 그 당시 인쇄까지는 마무리가 되어 있었기에 제본만 하면 공급이 가능했지만 밤늦은 시간에도 운영하는 제본소를 물색하기가 쉬운 일이 아니었다. 평소 거래하던 거래처 사장님에게 통사정했지만 밤늦은 시간이라 불가능하다는 답변만 들었다. 그런데 마침 어떤 제본소 직원과 연결이 되어 정황을 설명하고 제본을 부탁했다. 이미 밤 12시가 지난 시각이었다. 그 직원은 잠자리에 들다 말고 자리에서 일어나 직원들을 불러내어 밤샘 작업 끝에 책을 만들어주었다. 제본비 20만 원도 안 되는 일감을 위해 직원 네 명이 한밤중에 출근해서 밤새 일하고 아침까지 일을 마쳐준 것이다. 수익을 우선하는 기업의 생리상 오히려 손해를 볼 수 있고 사장에게 문책을 받을 수도 있는 상황이었지만 그 직원은 고객의 사정을 우선하는 마음으로 기꺼이 청을 들어주었다. 그 직원은 지금 백여 명의 직원을 거느린 정민제책사 사장이 되었고 우리 회사와도 25년이 넘게 거래를 하고 있다.

이렇듯 모든 조직에는 자발적으로 일하는 사람들, 책임감이 투철한 사람들이 있다. 아무리 스펙이 뛰어나도 이런 태도를 겸비하고 있지 않으면 주목받지 못한다.

나는 우리 출판사에서 불평하지 않고 핑계 없이 맡은 일을 성실하게 해내는 사람이 누구인지 잘 알고 있다. 그들은 남들이 원하지 않는 일을 떠맡고, 결과가 좋지 않더라도 자진해서 비난을 감수한다. 또한 그들은 하고 싶지 않은 일에도 최선을 다한다. 물론 책임감이 강한 사람이 꼭 똑똑한 인재인 것은 아니다. 하지만 상사들은 똑똑한 사람보다는 책임감이 강한 사람을 자기 팀에 두고 싶어 한다. 똑똑한 사람은 많이 찾을 수 있지만 완전히 믿고 의지할 만한 사람을 찾기는 쉽지 않기 때문이다. 그러니 책임감은 학벌, 능력, 인맥보다 훨씬 더 최대의 강점이 될 수 있다. 이 글을 읽고 있는 여러분도 작은 일에서부터 책임감을 키워보자. 퇴근하면서 뒷마무리를 깔끔하게 하는 것도 이 일의 일종이다. 회사 마당에 떨어져 있는 휴지를 줍는 일도 마찬가지이다. 일의 중요도나 난이도에 상관없이 누군가 해야 할 일에 가장 먼저 나서는 태도. 그것이 책임감 있는 사람이 갖는 좋은 태도이다.

성실함, 사람의 마음을 움직이다

드디어 이 장의 핵심 메시지를 말할 시간이 왔다. 처음 출판사에

　　　　　　　　　　　　　　　나는 태도로 운명을 움직인다

창고관리 임시직으로 입사했다가 정직원이 된 나는 얼마 안 가 영업 파트에서 일하게 되었다. 내가 일했던 고려원은 그 당시 여러 분야의 출판물을 대량으로 출간하는 종합 출판사였다. 그중에서 중·고등학교 영어 교재 채택 업무가 내가 속한 파트의 주요 업무였다.

교재 채택 영업은 자기가 맡은 학교 선생님들을 일일이 찾아가 맨투맨으로 만나서 설득해야 하는 고된 일이었다. 일반 도서의 영업은 서점을 방문해 자사 출판물이 잘 진열되어 있는가를 살피고, 서점주와 서점 종업원들에게 판매를 독려하면서 날짜에 맞춰 수금을 잘하면 되지만 교재 채택 영업은 차원이 다르다. 아무리 교재의 내용이 좋아도 해당 학교 선생님들이 채택해주지 않으면 단 한 권도 팔 수 없기 때문이다. 이 영업을 하는 사람들에게는 선생님들과 부단히 접촉해야 하는 뚝심과 경쟁사 특판 영업자들과 경쟁해야 하는 이중고가 따랐다. 그런데 나는 이 교재 채택 영업 분야에서 남다른 실력을 보였다. 나를 제외한 나머지 담당자 세 명이 거둔 실적보다 내 실적이 더 뛰어날 정도였다. 그런데 내 영업 전략은 의외로 간단했다. 나의 원칙이자 전략은 다름 아닌 '성실'이었다. 영업상 인연을 맺은 선생님들이 끈질기게 접근하는 나를 보면 슬금슬금 피할 정도였다.

첫째도 성실, 둘째도 성실일 정도로 나는 집요하게 접근했다. 학기 중에는 학교로, 방학 중에는 집으로 찾아가 선생님들과 교감을 나누었다. 회사의 재고 상품 중 깨끗한 단행본 책들을 골라 선생님들에게 선물하는 것도 빠트리지 않았다. 보통 고등학교 영어 선생님들은 한 학교에 적으면 일곱 명, 많으면 열서너 명 정도였다. 그들 중 대부분의 선생님들은 오랫동안 자신에게 익숙한 교재를 선호하는 경향이 짙어 아무리 우수한 교재가 새로 출간되어도 그것으로 바꾸는 경우가 드물었다. 어떤 선생님은 비가 오나 눈이 오나 어김없이 방문해 영업하는 나에게 이렇게 위로 아닌 위로의 말을 건네기도 했다.

"김 형! 아무리 그래도 소용없어. 당신네 회사하고 경쟁을 벌이는 ○○교육에서 나를 찾아다닌 지 벌써 7년째야! 근데 아직 한 번도 그 교재를 못 써줬어. 나도 개인적으론 김 형이 좋아. 그래도 공은 공이고 사는 사야. 날 원망하지는 마시게!"

이런 말로 단호하게 거절 의사를 밝히는 선생님에게도 나는 아랑곳하지 않고 이렇게 능청맞게 대꾸했다.

"선생님 말씀 잘 알겠습니다. 하지만 정말 감사드립니다. 제 이름 석 자를 기억해주시는 것만도 어딘데요."

그러면서 속으론 다짐했다.

'경쟁사 영업 사원이 7년 따라다니면 저는 10년이라도 쫓아다닐 겁니다.'

사람을 움직이는 건 뇌물이나 파격적인 쇼가 아니라 '정(情)'이라고 생각한다. 시간이라는 자본을 밑천 삼아 꾸준히 성실하게 교분을 맺어나가니 어느새 난공불락의 요새 같았던 선생님들의 마음도 움직이기 시작했다. 결국 이런 식으로 영업을 해나간 지 2년

만에 내가 맡은 40여 개 학교 중 60퍼센트가 넘는 학교가 우리 교
재를 채택했다. 창사 이래 최고의 실적을 이뤄낸 것이었다.

학습에도 성실성이 가장 중요하다

성공한 사람들의 공통점 중 하나는 학습을 게을리하지 않는다는 것이다. 정상을 목표로 하는 사람일수록 꾸준한 학습의 중요성을 알고 있다. 학습을 한다는 것은 곧 실력을 쌓아가는 것이고, 실력을 쌓은 사람들은 더 높은 목표를 향해 도전할 수 있다. 아무리 열정이 있고 자신에 대한 믿음이 강하더라도 꾸준히 새로운 것을 학습하는 태도가 없으면 실력을 쌓을 수 없고 그렇게 되면 중간

나는 태도로 운명을 움직인다

에 포기할 위험이 높다. 그런데 학습의 효과는 갑자기 확 드러나는 것이 아니기 때문에 이를 무시하는 경영자도 많다. 날마다 자기 발등에 떨어지는 업무에 급급해 꾸준히 급변하는 분야에 대해 공부하지 않는 직원들도 부지기수다. 그러나 기존에 알고 있는 지식만으로 급변하는 사회에 적응해 살아가는 것에는 많은 한계가 있다. 학습을 하지 않는 개인이나 조직은 정체될 수밖에 없다. 한때는 '워크맨' 열풍을 만들어내며 세계 제일의 전자제품 기업으로 명성을 날리던 소니를 떠올려보자. 모바일 시대를 예견하지 못한 그들은 애플이나 삼성, LG보다 뒤처지면서 현재 부진을 면치 못하고 있다. 1등이 되기도 힘들지만 1등을 지키는 것은 더욱 힘든 일이다. 현재 반복되는 잘못을 직시하고 시대의 흐름에 맞춰 변화하기 위해서 학습은 꼭 필요한 통과의례와 같은 것인데도 많은 사람들이 이를 무시하며 살아가다가 세월이 흐른 다음에 꼭 후회를 하게 된다.

그런데 영업뿐 아니라 학습에도 성실성이 가장 중요한 덕목이다. 한 방울씩 떨어지는 낙숫물이 바위를 뚫듯, 늘 성실하게 학습하면서 조금씩 조금씩 자신을 발전시켜 나가면 몇 년 뒤에 그 사람의 실력은 놀라울 정도로 발전한다. 하다못해 하루 일과를 다마치고 잠자기 15분 전에 영어 단어 세 개씩을 외운다고 치자. 하루 이틀 동안 하고 만다면 물론 별거 아닐 것이다. 그러나 그 일을 꾸준히 한다고 생각해봐라. 매일매일 습관처럼 성실하게 마치 내가 철학자 칸트가 된 것처럼 규칙적인 일과처럼 수행했다고 가정해봐라. 한 달이면 90개의 영어 단어가 내 것이 된다. 1년이면 1095개의 단어가 머릿속에 저장되는 것이다. 대리이던 시절부터 시작해서 그렇게 3년을 보낸다면? 내가 과장이 될 무렵에는 무시하지 못할 단어 실력을 겸비하게 된다. 상상만 해도 신나는 일이 아닌가!

"저는 기억력이 좋지 않아서 암기에는 약해요."

이렇게 말하는 사람들은 반복해서 학습하고 남들보다 시간을 늘리면 된다.

인문학적 소양을 쌓아라

그런데 나에게 필요한 것은 자격증을 따거나 외국어를 익히는 공부, 즉 실용 지식이라기보다는 인문, 교양에 관한 지식이었다. 이 분야의 지식은 인생을 풍요롭게 해주는 자양분 역할도 하지만, 다양한 사람들과 교류해야 하는 CEO에게는 필수적인 것이다. 좋은 CEO가 되기 위해서는 기획력, 판단력, 커뮤니케이션 능력, 정보 습득력, 문제 해결력 등등의 능력이 필요하다. 그런데 이 모든 능력의 바탕에 깔리는 것이 있는데, 나는 그것을 '사람을 아는 지혜'라고 말하고 싶다. 결국 책은 사람이 만드는 것이고, 그 책을 사보는 것도 사람이기 때문이다. 또 조직을 관리하면서 사람을 알지 못하면 결코 성공할 수가 없다. 그러니 인류 문화의 원초적인 학문인 인문과 교양을 어찌 공부하지 않을 수 있겠는가. 역사와 예술, 철학과 문학 등 인류의 방대한 지적 자산인 이 분야의 지식은 영어 단어를 외우듯이 가시적인 효과가 단시일 내에 나오는 것도 아니다. 다양한 분야의 책을 끊임없이 읽고 생각을 정리하는 훈련을 오랫동안 해야 쌓을 수 있는 것이 소위 '인문학적 소양'이다. 그리고 이 지식은 평생에 걸쳐 공부하는 것이지 하루 이틀 하고 마는 것이 아니다. 나는 죽을 때까지 성실하게 배우는 자세로 인문 교양을 공부하겠다는 소망을 갖고 있다.

C+가 알려준 교훈

대학에서도 열심히 공부하면 고 3 때 해낸 것처럼 과 수석을 할
수 있지 않을까 기대했던 건 3학년이 막 되었을 무렵이었다. 수석
을 했다고 해서 뭔가 가시적인 이익이 주어지는 건 아니지만 젊은
이들의 패기에 한번쯤 도전해서 만학도가 건재하다는 것을 보여
주고 싶은 욕심이 들었다. 또 젊은이들에게 '하면 된다'는 것을 말
이 아닌 몸으로 보여주고 싶기도 했다. 그래서 나는 3학년 1학기

                    나는 태도로 운명을 움직인다

에 과 수석을 목표로 삼고 열심히 공부에 매진했다.

그런데 결과는 세 과목이 A+, 한 과목이 A, 그리고 나머지 한 과목이 C+였다. 다른 과목에서는 열심히 한 보람이 있었지만 예상 외로 A+를 자신했던 한 과목에서 C+가 나오는 바람에 수석을 놓치고 과 3등에 머물러야 했던 것이다.

사회복지학을 전공한 학생은 필요한 학과 과정을 이수하면 사회복지사 2급 자격증을 받는다. 하지만 사회복지사 1급 자격증을 취득하기 위해선 국가고시에 응시하여 합격해야만 한다.

그런데 필수 과목인 '사회복지 행정론'의 담당 교수님이 말씀하길 기말고사 때는 사회복지사 1급 시험의 기출문제만 골라서 문제를 내겠다고 하는 것이었다. 나를 비롯해서 그 수업을 듣는 모든 학생들은 기출문제를 입수해서 열심히 공부했다. 교수님의 말씀이 있었던 터라 모든 기출문제를 다 봐두었던 나는 이 과목에서만큼은 A+를 따놓은 당상이라고 생각했던 것이다. 그런데 아뿔싸, 시험 당일 날 편안한 마음으로 문제지를 받아 든 순간 나를 포함한 학생들의 탄식 소리가 교실 여기저기서 터져 나왔다. 이유인즉슨 기출문제와 전혀 다른 유형의 문제가 출제되었던 것이었다. 나 역시 정말 당혹스러웠다. 이번 학기를 내 대학 시절의 정점으로 만들기 위해 수석이라는 목표를 세우고 코피 터지게 공부했는데 이런 복병이 있을 줄 누가 알았겠는가.

나중에 듣자 하니 교수님은 기출문제에서 시험문제를 뽑으라고 조교 선생님에게 지시를 내렸는데 그분이 그것을 잘못 이해해서 예상 문제를 뽑았던 것이었다. 학생들은 저마다 유감의 뜻을 표명했지만 교수 측은 모든 학생들이 똑같은 조건에서 시험을 봤으니 그리 억울할 것도 없고 학점을 부여하는 기준도 평등하다고 해명했다.

결국 이 과목은 78점, C+에 만족해야 했고 안타깝게도 나는 다 따놓은 과 수석을 놓치게 되었다. 나는 사회복지사 1급 자격증을 목표로 하지 않았기 때문에 마치 공식 외우듯이 기계적으로 기출문제만 외우는 식으로 공부했고 당연히 좋은 점수를 받을 수는 없었다. 그런데 1급 자격증을 목표로 공부한 친구들은 기출문제만을 외우는 방식이 아닌 문제와 정답의 연관성을 이해해가면서 공부했기 때문에 훨씬 성적이 좋았다. 이해해가면서 공부하지 않고 무조건 정답을 외우는 식으로 공부한 나에게 되돌아온 당연한 결과였다.

성실하게 정공법으로 이해해가면서 공부하지 않고 단지 좋은 성적만을 목표로 요령을 피우는 것이 얼마나 큰 실수인가를 깨닫는 순간이었다.

인내

; 천재를 앞서는 전략

힘센 자보다
인내하는 자가
더 많은 것을
이룩한다.

_에드먼드 버크

인내라는 평범한 진리, 꽃이 되어 내 가슴에 들어오다

피아니스트가 꿈인 소년이 있었다. 그런데 피아노를 치기에는 손가락이 너무 짧고 굵다는 선생님의 말에 절망하고 말았다. 실망한 소년은 코넷을 배웠으나 역시나 그에게 맞지 않는다는 말을 들어야 했다. 소년은 다시 피아노를 시작했지만 마음속에는 자신의 짧고 굵은 손가락이 걸림돌로 자리 잡고 있었다.

그때 마침 피아니스트 루빈스타인이 보는 자리에서 피아노를 연주할 기회가 주어졌다. 연주가 끝나자 루빈스타인은 소년에게 칭찬과 격려의 박수를 보냈다. 소년은 너무 기뻐서 그 자리에서 굳게 결심했다.

'앞으로 매일 일곱 시간씩 연습할 거야. 내 손가락이 짧고 굵은 만큼 다른 사람보다 더 열심히 노력해야겠어.'

소년은 결심대로 피나는 연습을 했고 위대한 피아니스트가 됐다. 그가 바로 리스트 이후 따를 만한 사람이 없다는 찬사를 받은, 세계적인 피아니스트 파데레프스키이다.

제때 공부하지 못한 한(恨)을 풀기 위해 호기로운 마음으로 재기한 나의 고등학교 생활은 앞에서도 언급했지만 예상보다 훨씬 힘들었다. 아무리 열심히 해도 바로바로 좋은 결과가 나오지 않아 절망할 때마다 공부는 다 때가 있다고 한 옛 어른들의 말씀이 떠올라 포기하고 싶은 욕구가 마음속 깊은 곳에서부터 치고 올라왔다. 아무래도 나는 공부에는 타고난 재능이 없는 것 같은데 괜히 고생을 사서 하나 싶은 것이었다. 노력해도 잘 되지 않으니 포기하고 싶은 건 당연한 욕구였다. 하지만 30년 만에 다시 시작한 공부를 쉽게 포기하기에는 내 자존심이 허락하지 않았다. 당장 좋은 결과가 나오지 않아도 참으면서 꾸준히 공부하는 수밖에 없었다. 이때 자신의 콤플렉스를 노력과 인내로 극복한 피아니스트 파데레프스키의 이야기는 나에게 많은 영감을 불러일으켰다. 나는 파데레프스키처럼 남보다 더 열심히 노력했다. 나보다 젊고 머리 좋

 나는 태도로 운명을 움직인다

은 친구들이 여섯 시간 자면 나는 네다섯 시간만 잤다. 그들이 한 번 보고 아는 것이라면 나는 두 번, 세 번 반복해서 이해하며 공부했다. 그리고 그 과정은 내 자신과의 싸움, 즉 인내심을 키우는 과정이었다.

머리 좋은 젊은 친구들과 경쟁하면서 그와 동시에 회사 일까지 병행해야 했던 나는 급기야 탈진 상태가 되어 밤늦게 사무실에서 링거 주사를 맞아가며 시험 준비를 했다. 이 시기에 나는 마치 김춘수의 '꽃'에 나오는 시 구절처럼 평범한 진리가 내 것이 되는 체험을 하게 되었다. 인내는 쓰지만 그 열매는 달콤하다는 평범한 교훈, 내가 스스로 내딛는 발걸음만큼 꿈과 가까워지고 절망과는 멀어진다는 너무나 흔한 말. 그런데 내가 이 진리들의 이름을 불러주자 그것들이 내 가슴에 들어와 꽃이 되어주었던 것이다.

그러니 이 글을 읽고 있는 청년들 중 만약 힘든 역경을 겪고 있는 사람이 있다면 너무 쉽게 절망하지 말자. 절망이라는 환경에서도 노력과 인내라는 진리의 이름을 불러보자. 언젠가는 그 진리가 꽃이 되어 그대 가슴에 피는 날이 있을 것이다.

노력과 인내가 함께한다면 못할 것이 없다

성공이 하루아침에 이루어지지 않는다는 것은 누구나 아는 사실이다. 그러나 과정 없는 성공은 있을 수 없다. 진인사대천명(盡人

事待天命)이라 했던가! 맡겨진 일에 최선을 다한 후 운명을 하늘에 맡기고 기다리는 것이다. 농부가 봄에는 씨앗을 뿌리고 여름에는 열심히 땀 흘리고 가을에는 수확을 거두듯 말이다. 그것이 바로 성공의 열쇠이다.

영화배우 브래드 피트는 미주리 대학 시절 졸업을 2주 남겨놓고 학교를 떠났다. 연기를 하고 싶은 열망이 너무 강했기 때문이다. 로스앤젤레스에 도착한 그는 안 해본 일이 없을 정도로 많은 직업을 전전했다. 더운 여름날 패스트푸드점 앞에서 닭 캐릭터 복장을 하고 서 있기도 했고, 샌드위치맨이 되어 식당 홍보하는 것도 마다하지 않았다. 연기 학원비를 마련해야 했기 때문이었다. 지금은 화려한 그도 이렇게 갖은 고생 끝에 드라마에 단역으로 출연했고 『델마와 루이스』, 『흐르는 강물처럼』 등을 거치면서 자신의 존재를 알렸다. 이윽고 『가을의 전설』로 최고의 인기 영화배우로 자리를 잡았고 그 이후로는 끊임없이 승승장구하고 있다. 그는 영화배우라는 최종적인 꿈을 이루기 위해서라면 어떤 직업도 상관하지 않았다. 아무리 힘든 일을 해도 인내했던 것이다.

성공하려면 목표를 분명하게 정하고, 그것을 위해 끊임없이 노력하면서 이루어질 때까지 기다려야 한다. 성공하려는 사람들은 많다. 그것을 위해 노력하는 사람들도 많다. 그러나 그것이 인내라는 미덕과 함께하지 않으면 결코 성공하지 못한다. 힘센 자보다 인내력 있는 자가 더 많은 것을 이뤄낸다는 말도 있지 않은가? 우유 배달원, 신문 배달원, 구두닦이, 껌팔이, 출판사 창고관리 임시직을 거치면서 내가 놓치지 않았던 것도 바로 '인내심'이었다. 인내심에는 강력한 동기가 필요한데 나의 경우에는 어머니의 눈물 그리고 공부에 대한 나의 열정이었다. 그러니 당신이 인내력이 부족하다면 강력한 동기를 먼저 부여해라. 그리고 나서 꾸준히 노력한다면, 그렇게 해서 자기 자신에게 부끄럽지만 않다면 그 어떤 결과가 나오든 이후에는 뭔가 새로운 길이 열릴 것이다.

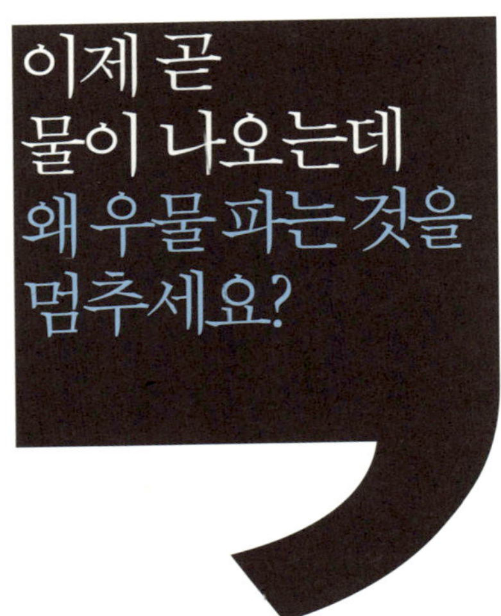

1퍼센트가 부족하면 100퍼센트가 될 수 없다

1998년 IMF 사태가 발생한 이후 '부도'라는 용어가 신문에 많이
오르내렸다. 회수 어음이 100억 원이라면 이것을 다 막지 못해도
부도가 나지만, 99억 원을 갚았지만 남은 1억 원을 갚지 못해도
부도가 나는 것은 매한가지이다. 전체의 1퍼센트밖에 안 되는 1억
원만 더 있었더라면 부도를 막을 수 있었을 텐데, 그것이 없어서
나머지 99억 원이 무용지물이 되는 것이다. 그런데 그 시절에는

     나는 태도로 운명을 움직인다

그런 이유로 주저앉는 기업을 종종 볼 수 있었다. 조금만 더 공을 들여 자금을 융통했더라면 기업을 살릴 수도 있었을 텐데, 나중에 후회해봐야 이미 늦은 일이다.

기업뿐 아니라 개인에게도 이런 일은 종종 발생한다. 목표 달성이라는 고지가 눈앞에 있는데도 그것을 보지 못하고 포기했다가 나중에서야 그 사실을 깨닫고 탄식하는 경우가 바로 그것이다. 만학도인 나도 이런 경험을 한 적이 있다. 바로 대학교 4학년 2학기 때였다. 남들은 이제 한 학기밖에 안 남았으니 다 끝났다고 쉽게 이야기했지만 전공 심화 과정과 원어민 수업까지 들어야 했던 그 학기에 나는 이미 체력과 인내심에서 한계에 부딪힌 상태였다. 정신도 몸도 너무 힘들어 거의 공황 상태에 이른 나는 4학년 1학기가 끝날 무렵 자퇴를 결심하고 아끼는 동기 길수를 불러내 조언을 구했다. 그때 길수는 나에게 이렇게 말했다.

"형님이 대학에 들어온 목표를 되짚어보세요. 만약 그 목표를 이미 성취하셨거나 성취할 명분이 없어졌다면 형님 뜻대로 자퇴하시는 게 맞아요. 하지만 그냥 힘들다는 이유 때문이라면 그동안 학교에서 보내신 7년이 넘는 시간이 너무 아깝지 않으세요? 제가 보기에는 이제 한 삽만 더 파면 물이 나오는데 우물 파는 것을 그만두겠다고 하시는 것 같습니다. 형님은 졸업 이후 더 큰 꿈이 있다고 하시 않으셨습니까?"

나는 이렇게 말해주는 동기 길수가 참으로 고마웠다. 그렇다. 그의 말대로 나는 앞으로도 만들어가야 할 새로운 꿈이 있고 해야 할 일이 있었다. 그의 충고에 힘을 얻고 나는 2학기 등록을 했다. 그리고 머릿속으로 4학년 2학기를 잘 마무리하고 홀가분한 마음으로 교정을 떠나는 모습을 수도 없이 상상해보았다. 긍정적인 미래를 머릿속에 반복해서 그려보니, 모든 것을 완벽하게 잘해야 한다는 강박관념이 만들어낸 조급증, 공포와 불안의 감정이 점점 해낼 수 있다는 확신의 감정으로 바뀌었다.

길수는 내가 원어민 교수에게 찾아가 부족한 부분과 수업 방향에 대해 상담할 때 통역을 도와주었다. 이후 그 마지막 학기에 너무나 힘들어서 학교를 포기하고 싶게 만들었던 원어민 수업에서 나는 A학점을 취득했다. 그리고 이제 머지않은 미래에 자유롭게 의사소통하며 외국을 여행하는 내 모습을 꿈꾸고 있다.

성공한 당신의 모습을 상상하라

너무나 힘들어 포기하고 싶은 순간, 잠깐 그 생각을 멈추고 목표를 달성한 내 모습을 상상하는 것은 인내력을 키우는 좋은 방법 중 하나이다. 나의 경험처럼 미래의 자기 모습을 끊임없이 상상하며 인내력을 키운 사람의 일화가 있어 하나 소개해본다.

2000년 9월 24일 시드니 올림픽 주경기장으로 몸집이 작은 동양인 마라토너가 마지막 스퍼트를 내며 힘차게 달려 들어왔다. 운동장을 가로질러 마지막 바퀴를 돌고 있는 마라토너는 일본의 다카하시 나오코 선수였다. 아무도 상상하지 못한 일이 벌어진 것이다. 출발을 알리는 총성이 울리자 다카하시 선수는 세계 제일의 마라토너인 쿠바 선수와 함께 출발했고, 줄곧 선두 그룹을 유지하면서 페이스를 조절했다. 30킬로미터 지점을 통과하면서 선두 그룹이 일고여덟 명으로 좁혀졌다. 마라톤에서는 이 지점이 중요하다. 마지막 페이스 조절을 해야 하기 때문이다.

그런데 다카하시 선수는 35킬로미터 지점을 통과하면서부터 쿠바 선수를 제외한 나머지 선수들을 따돌리기 시작했고, 40킬로미터 지점에서는 쿠바 선수마저 따돌렸다. 잠시 후 일본의 다카하시 선수가 결승점을 통과했다는 아나운서의 목소리가 관중들의 함성과 함께 경기장을 채웠다. 이날 다카하시 선수가 우승의 월계관을 쓰리라고는 누구도 예상치 못했다. 그때까지만 해도 여자 마라톤의 강력한 우승 후보였던 쿠바 선수에게 모든 관심이 집중되었기 때문이다. 동양의 작은 선수가 마라톤 1등을 했다는 이변 때문에 많은 기자들이 몰려와 질문을 퍼부었다. 그런데 그때 그녀의 대답이 참으로 인상적이었다. 그녀는 올림픽 출전을 준비하는 3년 내내 우승한 자기의 모습을 상상했다고 말했다. 하루도 빠짐없이 출발점에서 마지막 결승 테이프를 끊는 순간까지 구간별로 우승하는 자기 모습을 그려보았다는 것이다. 그녀에게는 그 상상의 힘이 힘든 훈련을 견뎌내는 에너지가 되었던 것이다.

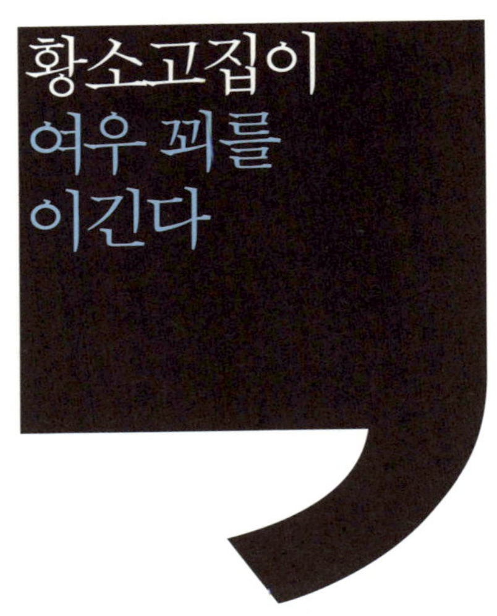

직원의 자율성을 배려하는 CEO가 되라

독특하고 상상력 넘치는 아이디어를 앞세워 창업을 구상하는 젊은이들이 늘어나고 있다. 그런 청년들에게 기업의 대표로 살아오면서 얻은 지혜를 들려주고 싶다.

20년 가까이 출판사를 운영하면서 내 나름대로 세워놓은 경영철학이 몇 가지 있는데 그중 첫 번째가 직원들의 자율성이다. 월별, 주간별 업무 달성 목표도 대표가 일방적으로 지시하는 것보다 직원들이 시장 상황을 고려해 자율적으로 설정하도록 하고 있다. 이른바 권한 이양이다. 사람의 심리가 그렇다. 자신이 시작 단계에서부터 관여한 일과 누군가가 맡긴 일 중 어떤 것을 더 열심히 하고 싶겠는가? 대표가 아무리 면밀하고 논리적인 계획을 세워서 일을 지시하더라도 직원 입장에서 보면 그 일은 명령이기 때문에 당연히 해야 하는 일일 뿐이다. 그런데 아이디어 단계부터 자신의 의견을 반영하게 되면 아무리 사소한 프로젝트일지라도 그것은 '해야 하는 일'이 아니라 '하고 싶은 일'로 그 가치가 바뀐다.

내가 20년 동안 대표로 일해본 결과, 잔소리해댄다고 배가 빨리 가지 않는다는 것을 알게 되었다. 대표는 묵묵히 선장으로서 키를 잡아주고 갑판이며 엔진실을 살피고 그물을 걸어 올리는 일은 선원들에게 맡기면 된다. 나는 편집, 영업, 경리 등 세부적인 권한을 해당 팀장이나 직원에게 위임하고 경영 목표의 큰 줄기에 이상 징후가 생기지 않는가를 챙길 뿐이다. 물론 초기 단계에서 합의한 성과를 잘 추진하고 있는지를 체크하고 독려하는 건 철저하게 나의 몫이다. 이렇게 사업체를 꾸려나갈 수 있는 것은 나와 직원들 사이에 철저한 믿음이 깔려 있기 때문에 가능한 일이다.

"이렇게 해서 우리 대식구들이 먹고 살겠냐! 더 열심히 해야겠다."

조금이라도 이상 징후가 감지될 때 직원들에게 이렇게 한마디 하면 다들 알아듣는다. 그 덕분에 내가 대학 생활하느라 바쁜 와중에도 출판사는 원활하게 돌아갔다.

잠재적 가치를 알아보는 눈을 키워라

처음에는 친구와 함께 동업으로 출판사를 운영하다 홀로서기를 하게 되었다. 우정과 사업은 별개라는 사실을 뼈저리게 겪고 나서부터 다시는 비즈니스 건으로 어설픈 관계를 맺지 않겠다고 결심한 것도 이 무렵의 일이다. 1990년대 초반 출판계 상황은 호황 국면이었다. 서점 수만큼 출판사가 생겨나 일부 관계자들은 단군 이래 최대의 출판계 호황, 바야흐로 출판 대국으로 접어드는 단계라고 섣부른 낙관론을 펴기도 했다. 나는 새로 출판사를 창업하기보다 기존 시장에서 어느 정도 지명도와 영업망을 갖춘 출판사를 인수하는 쪽으로 독립의 가닥을 잡아나갔다. 출판 분야도 내가 집중적으로 영업 노하우를 쌓아온 어학 교재 쪽으로 정하고 수소문하던 중 동양문고라는 출판사가 안테나에 잡혔다. 시중에 떠도는 이야기로는 사장이 출판사를 매물로 내놓아 형성된 가격이 3000만 원이었다. 그렇다면 사는 쪽에서 2500만 원 정도를 불러도 거래가 성사될 것 같았다. 통상 협상 과정에서 500만 원 정도는 에누리가 된다. 그러나 거래를 시작하면서 나는 거두절미하고 6000만 원을 주겠다고 제안했다. 주변 사람들은 미쳤다는 듯한 표정으로 바라보았다.

"최 사장, 동양문고를 3000만 원에 내놓았다는 것 알고 있어요. 아마 2500만 원 정도 제시해도 최 사장은 받아들이겠지요. 그러나 시장조사를 해보니 동양문고가 6000만 원의 잠재 가치는 있다

 나는 태도로 운명을 움직인다

고 판단돼 제안합니다. 아는 처지에 양심에 어긋나게 이득을 보기도 싫고요."

최 사장은 내 말을 듣더니 그만 북받치는 감정을 추스르지 못하고 떨리는 목소리로 사정을 털어놓았다.

"김 형, 사실 이 출판사 창업자인 김 모 사장에게 인수할 때 1억 원 주고 산 겁니다. 한 1년 반 끌어오는 동안 2000만 원 정도가 더 들어갔고요."

최 사장은 동양문고를 인수하기 전 출판사의 필자였다. 학원가의 유명 강사였던 그는 출판사를 오가며 어깨너머로 업계를 지켜보던 중 출판도 괜찮은 사업이라고 속단을 내렸고 겁 없이 사업에 뛰어든 것이다. 출판 전문가가 달라붙어도 성공 여부가 불투명한데 낮에는 학원 나가고 밤에는 출판사 사장으로 힘을 분산했으니 잘될 리가 없었다.

"그동안 최 사장이 고생한 건 저도 잘 압니다. 고생한 만큼 동양문고가 가치 있는 출판사라는 것도 알고요. 비록 3000만 원에 나온 출판사지만, 제가 인수해서 영업력을 강화하면 금방 6000만 원짜리로 키울 자신이 있습니다. 그러니까 시장에 내놓은 가격보다 두 배를 쳐드리겠다는 겁니다. 말하자면 동양문고의 비전 값으로 3000만 원을 더 얹어드리는 겁니다."

여기까지 이야기하자, 거래를 중재한 친구 K와 최 사장 모두 감동을 받은 눈치였다. 계약은 일사천리로 이루어졌다. 소문은 재빠르게 출판계 곳곳에 퍼졌다. 김태웅이 동양문고를 인수했다는 단순한 팩트보다 거래 과정에서 파격적인 가격을 제시한 일화가 입에서 입으로 전해져 화제가 되었다. 이 무렵 '미네르바의 부엉이(고대 로마신화에 나오는 지혜의 여신인 미네르바가 황혼 녘에 산책할 때마다 데리고 다니던 부엉이. 주로 오랜 시행착오 끝에 얻게 된 지혜를 표현할 때 쓰인다)'는 나에게 이렇게 속삭이는 듯했다.

'친구와 동업한 J출판사에서 고난과 인내의 시기를 거치는 동안 당신은 충분히 목검 승부를 연습했다. 자, 이제 진검 승부를 할 때가 왔다! 장밋빛 낙관은 금물이다. 부담감이라는 적을 바로 앞에 세워놓고 진검으로 베어버려라!'

말하자면 나는 배수진 전법으로 굳이 지지 않아도 되는 3000만 원이라는 부담감을 스스로 짊어진 것이다. 배신이 뭔지, 모함이라는 게 어떤 것인지를 제대로 경험하면서 더욱 단단해지고 날카로워지고 강해진 만큼 진검 승부를 해도 이길 자신이 있었기 때문이다. 승부처를 향한 집중! 나는 동양문고를 어학 교재 출판 분야에서 최고로 만들 수 있다는 확신이 있었다. 이렇게 투지를 다지며 나는 점점 확신에 찬 사람으로 변모해갔다. 그런데 동양문고를 사들이면서 계약서에도 없는 보너스가 덩굴째 굴러들어 왔다. 본업이 유명 강사이자 최고의 필자였던 최 사장은 동양문고의 책을 강의 교재로 채택해주었고 본인이 기획 집필한 책도 꼭 동양문고를 통해 출간했다. 또 교보문고의 영업자이고 거래를 중재해준 친구

　　　　　　　　　　　　　　　　나는 태도로 운명을 움직인다

K가 동양문고의 책을 마치 자기 것인 양 열심히 팔아주었다. 부담을 자처해서 회사를 사들였지만 도저히 돈으로는 가치를 매길 수 없는 '사람'이라는 가장 큰 재산을 얻게 된 셈이다.

인내심을 먹고 자라난 황소고집

우리 출판사는 이른바 외국어 전문 출판사다. 특히 중국어, 일본어 교재라면 동양북스의 책이 최고라는 명성이 있다. 그런데 이 명성은 그냥 노력만으로 얻어진 것이 아니다. 아무리 어려운 환경에서도 정도에서 벗어나지 않겠다는 황소고집이 있었기에 가질 수 있었던 대가이다. 그리고 이 황소고집은 인내력을 먹고 자라난 것이었다.

중국어 교재는 1990년대 들어 중국 시장의 잠재력을 간파해 동양문고였던 시절부터 주력해온 분야이다.

그런데 두 가지 골칫거리가 있었다. 한 가지는 우리나라 사람들과 전혀 다른 상식을 가진 중국인과 계약을 통해 거래해야 한다는 것이었다. 그것은 사막을 홀로 걸어가는 것처럼 막막한 일이었다. 중국의 출판인들과 갈등이 있었던 배경에는 저작권 계약과 관련해 국내 출판사들의 과열 경쟁이 있었다. 그런데 중국 출판인들은 그것을 이용해서 말도 안 되는 요구를 하곤 했다. 예컨대 정가의 7퍼센트를 인세로 주기로 출판권 계약을 마치고 거의 책이 나올 때쯤이 되었는데 그들은 "다른 모 출판사는 10퍼센트를 준다고 한다. 계약을 다시 고려해봐야겠다"라는 식으로 생트집을 잡았다. 그러나 나는 이처럼 몰상식하게 나오는 그들의 횡포에 결코 굴하지 않았다. 이미 편집이 끝난 책일지라도 "노"라고 말하고 출판을 포기하는 걸 택하기도 했다. 그리고 나서 한두 달 지나면 우리가 출간하려고 했던 책이 다른 출판사 이름으로 서점에 번듯이 진열돼 있었다. 그것을 보는 심정은 참으로 참담하기 그지없었다.

또 다른 한 가지 난점은 얄팍한 상술로 중국어 교재를 출간하는 기존의 출판사들과 다르게, 한국인에게 알맞은 중국어 교재를 출판한다는 원칙을 지켜내기가 어려웠던 것이다. 돈벌이에 급급한 타 출판사들은 대개 중급이나 고급보다는 초급자용, 흔히 말하는 첫걸음 교재가 호황이라는 흐름에 편승해 70~80퍼센트는 기초 교재, 즉 '중국어 첫걸음' '일본어 첫걸음'이라는 식의 책들을 출판했다. 요즘 시장에도 초급용 책들이 100여 종 넘게 나와 있다. 그런데 대부분의 교재가 알맹이 없는 속 빈 강정이라는 점이 문제였다. 심지어 일부 유학생을 급히 수배해 모방 집필하게 한 후 겉 포장만 번지르르하게 해놓은 책들도 많았다. 그런 까닭에 '첫걸음'이라는 콘셉트로 나와 있는 100여 종의 책들이 내용은 다 거기서 거기였다.

특히 심각한 문제는 전공자 한 사람도 없이 어학 교재를 출판하는 일부 출판사들의 무모한 배짱이다. 어학 교재를 이렇게 아무렇게나 만드는 나라는 아마 우리나라밖에 없을 것이다. 그래도 표지 디자인을 그럴싸하게 해서 포장해놓으면 그럭저럭 팔리는 것 또한 우리나라의 실정이다. 이런 현실에서 정작 손해를 보는 쪽은 소비자들이다. 이런 교재를 사는 사람들의 대부분은 입문자들이기 때문에 내용의 좋고 나쁨을 가리지 못하고 포장에만 정신이 팔리기 때문이다.

그렇지만 우리 출판사는 책을 만들 때 우선 내용에 중점을 두고, 전공자용과 일반 회화용 교재를 구분해서 독자가 선택할 폭을 넓히려고 노력한다. 그리고 우리나라 실정에 맞는 생활 교재를 다룬다. 또한 많이 판매되는 첫걸음 교재를 통해 얻은 이득을 중·고급 교재를 출판하는 데 재투자하는 황소고집을 버리지 않고 있다. 당연한 사실이지만 중·고급 교재 시장은 뻔하다. 투자한 만큼 금세 수익이 나지 않는 것이다. 그래도 인내심을 갖고 이 분야 책을 내고 있는데 시간이 지나면서 나의 의지를 독자들이 인정해준다는 것을 알게 되었다. 그중 대표적인 책이 『신현대한어 800사』이다. 이 책은 우리나라 대학생들이 제대로 중국어를 공부하기 위해 먼저 꼭 봐야 할 책인데 『강희대자전』만큼 중요한 사전이다. 1000페이지가 넘는 방대한 분량 때문에 어느 출판사에서도 선뜻 작업에 나서지 못하고 있었다. 누가 많이 팔리지도 않을 책에 큰 돈을 들이는 위험을 감수하겠는가. 사정이 이러니, 서울대 측에서도 번역 출판에 뛰어들었다 손을 뗐고, 두어 군데 출판사가 의욕적으로 나섰다가 끝을 못 보고 주저앉았다. 이때 나는 과감히 이일에 뛰어들었다. 번역진으로는 삼성그룹의 직원들을 섭외했다.

삼성그룹의 중국 사업 파트에서 일하는 직원들의 중국어 실력은 대학교수 뺨친다는 것을 알고 있었기 때문이다. 여기에 외국어대 교수들이 합세하여 작업에 들어갔다. 호기롭게 시작한 것까지는 좋았는데, 진행이 될수록 생각보다 큰 자본이 들어가 허리가 휘청거릴 지경이었다. 시간도 엄청 걸렸다. 그리하여 마침내 책이 나왔고 예상대로 판매 실적은 신통치 않았다. 하지만 돈을 벌려고 시작한 아이템이 아니었으니 후회는 없다. 그런데 그 이후 이 출판물의 의미를 알아주는 독자들이 하나둘 생겨나면서 감사 전화가 쇄도했다. 나는 이 책을 출간하면서 어학 교재 전문 출판인으로서 내가 어떤 사명감을 가져야 하는가를 뚜렷이 깨달았다.

독자는 나의 큰 스승

일본어 어학 교재의 출판에서도 나의 황소고집은 마찬가지였다. 현재 일본에서 교수 생활을 하고 있는 안용수 박사가 편찬한 『재패니즈 워드 파워 1, 2』를 출간하는 과정이 그랬다. 이 책은 원저가 『워드 파워』로, 이른바 일본어 어휘 사전이다. 어느 날 석사과정을 마친 안 박사가 출판사에 찾아왔다.

"제가 번역한 일본어 어휘 사전이 있는데 책으로 출간하고 싶습니다. 사실은 여기가 일곱 번째 찾아온 출판사입니다."

"박사님, 구체적으로 어떤 책입니까?"

"내가 개인적으로 일본어 어휘에 대해 연구한 끝에 집필한 어휘사전입니다. 4년 동안 연구한 결과물인데, 일본어 고급 과정이라 안 팔릴 것이라고 밝히니 다들 고개를 젓더군요. 하지만 한국에 이 정도 수준의 책은 반드시 있어야 한다고 생각합니다."

나는 4년 동안 연구한 결과물이라는 안 박사의 말에 크게 감동을 받았다. 어학 책이라면 적어도 1년은 작업 기간을 잡아야 하는데 2, 3개월 만에 뚝딱거려 책 한 권을 펴내는 것이 출판계의 관행이었기 때문에 4년을 공들였다는 안 박사의 말에 마음이 동할 수밖에 없었다.

"박사님, 제게 맡겨주시지요. 저희가 출판하겠습니다."

이렇게 해서 『제패니즈 워드 파워 1, 2』가 세상에 나왔고, 역시 『신현대한어 800사』처럼 초판 1쇄도 소화하지 못했다. 그러나 역시나 독자들의 반응이 뜨거웠다. '좋은 책을 내주어서 고맙다'고 호응해주는 독자를 만날 때마다 나는 출판인으로서 큰 자긍심을 느낄 수 있었다. 역시 출판인의 가장 큰 스승은 독자이다.

황소고집을 알아본 황소고집

황소고집이 여우 꾀를 이긴다는 것을 입증해준 또 한 권의 책을 소개하고 싶은데 그것은 우리 출판사의 베스트셀러 『더 골(The Goal)』이다. 이 책은 엘리 골드렛과 제프 콕스의 공저로 난관을 기회로 바꾸는 발상의 대전환을 소설 형식으로 쓴 것이다. 미국의 대기업과 MBA에서 필독서로 지정하고, 6000여 개의 기업과 700개 이상의 경영 대학이 교재로 채택할 만큼 화제가 된 책인데 미국에서만 300만 부 이상 팔려나간 밀리언셀러이다. 베스트셀러인 만큼 이 책의 한국어 출판권을 따기 위한 과정이 쉽지 않았다. 미국 출판사들은 우리나라와 일본에 출판권을 내주는 데 아주 인색하기로 소문이 나 있다. 조건도 그만큼 까다롭다. 우연한 기회에 이 책을 알게 된 나는 1년여에 걸쳐 미국 쪽에 러브콜을 보냈다. 조건은 계약금 1000만 원에 인세 7퍼센트였다. 그런데 접촉 과정이 길어지다 보니 다른 출판사도 출판권 경쟁에 뛰어들게 되었고, 성사 단계에서 미국 쪽의 요구가 더 까다로워졌다.

한국의 다른 출판사에서 5000만 원 계약금에 12퍼센트 인세를 제시하는 곳이 있는데, 어떻게 생각하느냐는 답변이 돌아온 것이다. 나는 중국어 교재를 만들면서 중국인들에게 시달렸던 기억이 새삼 떠올라 몹시도 괴로웠다. 미국 측의 요구를 수용하려면 어떤 경우에도 정도를 걷겠다는 내 원칙을 저버려야 했다. 나는 이때도 여우 꾀를 택하기보다, 황소고집을 고수했다. 그래서 '우리가 제시한 조건에서 한 치도 양보하지 않겠다. 돈을 내세워 그동안 오갔던 신뢰 관계를 무산시킨다면 정말 유감이다'는 요지의 답변을 보냈다. 그런데 결국 내 고집이 이겼다. 미국 쪽에서 10만 부가 넘으면 연동제로 10퍼센트까지 인세를 보장해달라는 타협안을 제시한 것이다. 그 정도라면 수락할 만하다는 판단이 들었고 나는 계약을 체결했다. 그들도 확고한 의지를 밝히며 뚝심 있게 밀고 나가는 나의 태도에 믿음이 간 모양이었다. 그들 또한 신뢰보다 돈을 내세우는 얄팍한 여우 꾀에 속지 않고 황소고집을 택한 셈이라고 할까.『더 골』은 2014년 1월 기준으로 46쇄를 거듭 발행하는 대성공을 거두었다.

기업인의 사회적 기여를 잊지 마라

청소년 시절 신문을 팔고 구두를 닦으면서 학교에 다니던 나는 버스 안에서도 껌을 팔았다. 그때는 정말 한 푼이 아쉬워서 무임승차를 하곤 했는데 껌을 팔고는 내리지 않고 뒷좌석에 그대로 앉아 목적지까지 가곤 했다. 그러다가 차장 누나들에게 정체가 들통 나 혼쭐이 난 적도 있었다. 실력이 처지는 수학과 영어를 더 배우고 싶지만 돈이 없었던 나는 무작정 학원 앞을 서성이고는 했다. 그런데 그때 하늘은 스스로 돕는 자를 돕는다고 하더니, 중학교 때 담임인 이영학 선생님이 이민을 간 캐나다 현지에서 편지와 함께 매달 미화 20달러를 보내주시는 거였다. 비록 많은 돈은 아니었지만 선생님이 보내주신 그 돈은 내 삶에 큰 힘이 되었다. 그 돈의 일부로 학원에 등록해서 배움의 갈증을 풀 수 있었던 것이다.

그런데 여러 해 전 미국에 살고 있는 친구들의 초청을 받고 방문했을 때, 생각지도 않은 자리에서 선생님 내외를 뵙게 되었다.

그때 지인들을 통해 알게 됐는데, 무작정 건너간 유학길이라 선생님 내외는 자린고비처럼 힘들게 이국 생활을 하셨다고 한다. 그럼에도 멀리 고국에 있는 제자를 위해 매달 생활비를 쪼개서 돈을 보내주신 것이었다. 선생님의 크신 은혜를 생각하면 지금도 가슴이 울컥한다. 일찍 돌아가신 아버지를 원망하기도 했고 처지를 비관해 자살까지 시도한 적도 있었다. 그런 시절을 보내던 나에게 선생님의 온정 어린 편지와 20달러는 너무나도 큰 힘과 위로가 되어주었다. 그때 나도 언젠가는 선생님께서 베푸신 은혜를 여러 사람들에게 되돌려주겠다고 결심했던 것 같다.

동종업계에서 외국어 첫걸음 시리즈가 전국 판매 1위를 기록할 만큼 우리 출판사가 성장하면서 돈도 웬만큼 벌고 생활도 넉넉해졌을 무렵, 나는 그때 그 결심을 잊지 않고 실행에 옮겼다. 그중 맨 먼저 생각해낸 일이 나처럼 어려운 사람들, 형편이 안 되는 사람들을 위해 공짜로 배울 수 있는 길을 만들어주자는 것이었다.

먼저 서교동 출판사 건물에 마침 비어 있던 사무실을 임대해 강의실을 만들었다. 그리고 김은아 교수님 등 여러 분들에게 협조를 요청하고 마포 일대에 일본어, 중국어 무료 강의가 생겼다는 사실을 알렸다. 대형 현수막을 걸고 홈페이지를 통해 홍보하고 마포경찰서와 마포구청에 협조 공문을 보내기도 했다.

강의가 시작되자 예상보다 훨씬 많은 사람들이 몰려왔다. 자리가 부족해 사무실 의자까지 뒷자리로 옮겨놓아야 할 정도였다. 수강생들이 조금도 불편해하지 않도록 최적의 환경을 제공하면서

   나는 태도로 운명을 움직인다

아침 7시부터 저녁 9시까지 무료 일본어, 중국어 강의를 제공했다. 그러나 1년이 채 못 되어 제동이 걸렸다. 마포구에 있는 일본어 학원들이 들고 일어선 것이다. 동양북스에서 무료 강의를 개설하는 바람에 학원들이 문을 닫게 되었다는 것이다. 동양북스 교재를 불매하겠다는 통고도 받았다. 고심 끝에 학원 측의 반발이 충분히 이유가 있다는 결론에 이르러 7개월 동안 진행했던 무료 강의의 막을 내렸다. 그 대신 새로운 기획을 준비했다. 전 국민을 대상으로 동영상 강의를 시작해보자는 것이었다. 이 일에 다시 자금을 쏟아부었다. 직원들의 반대가 심했지만, 나는 결심을 꺾지 않았다. 강의실을 촬영실로 만들고, 전국의 유명한 현직 학원 강사를 불러들여 '일본어 첫걸음', '중국어 첫걸음' 등을 동영상 강의로 촬영해 홈페이지를 통해 전국 최초로 무료 동영상 강의 서비스를 시작했다.

"무료입니다. 무료. 아니 공짜입니다"라 공표하고 여느 학원 강의보다 더 뛰어나고, 여느 유료 강의보다 더 빼어나게 내실을 기했다. 서울대 통계연구소와 랭크서브 조사로 강의의 우수성을 인정받아 〈한국일보〉와 〈스포츠서울〉에서 시상하는 웹사이트 콘텐츠 분야 대상을 받았고, 유공 출판인에게 주는 문화부장관상까지 수상했다. 공식적으로도 인정받았지만 독자들 사이에서도 입소문이 나 80만 명이 회원으로 가입했고 하루 1만여 명이 사이트를 방문해 강의를 듣고 있다. 강의를 들은 분들은 한결같이 유료 강의보다 더 유익하다고 입을 모은다. 가난했던 시절의 결심이 열매를 맺고 있는 셈이다. 하지만 아직도 일각에서는 책을 더 팔기 위한 눈속임이라는 둥 뭔가 다른 꿍꿍이가 있을 것이라는 둥 곱지 않은 시선으로 바라보는 사람들도 없지 않다. 이렇듯 베푸는 것도 쉬운 일은 아닌 듯하다.

사회적 기여는 대기업의 전용물도 아니고 거창한 프로젝트도 아니다. 오래 근무한 직원들에게 서점을 개설해 독립시켜 주기를 즐겨한 안양 대동문고의 전영선 회장처럼 직원들에게 자립의 꿈을 실현해주는 것도 사회적 기여이며, 부산에 본사를 두고 있는 국제어학당(KJC) 이인주 대표처럼 지분을 배분하여 많은 직원들에게 실질적 혜택을 주는 것도 마찬가지이다. 사업가를 꿈꾸는 많은 청년들도 개인의 부와 명예를 얻는 것에만 몰두할 것이 아니라 베풂을 통해 사회적 가치를 실현하는 데 뜻을 뒀으면 좋겠다. 마음이 부자가 되는 경험을 할 수 있을 것이다.

용기

; 불안을 잠재우는 묘약

공포를 없애는 길은
단 하나다.
수수께끼 같은
공포의 중심으로
들어가는 것이다.

_페터 회

사실은 나 대학 안 나왔어

2000년 연예인 홍석천 씨가 자신이 동성연애자라고 밝혔을 때, 대한민국의 많은 사람들은 경악했다. 불결하다고 손가락질하는 사람도 많았다. 그는 여론의 뭇매를 맞으며 이후 방송 출연에 큰 타격을 입었다. 자신이 쌓아놓은 부와 명예가 솔직한 고백 한 번으로 모래성처럼 무너져 내릴 수 있다는 사실을 그는 과연 몰랐을까? 인기를 먹고 사는 연예인이 그런 반응을 예상하지 못했을 리가 없다. 그럼에도 불구하고 자신의 정체성을 떳떳하게 세상에 밝히고 당당히 맞선 그는 진정한 용기가 무엇인지를 나에게 알려준 사람이다.

내 인생에서 가장 용기를 냈던 사건이 무엇이냐고 누군가가 묻는다면 '대졸자'가 아니라 '고등학교 중퇴자'인 나를 커밍아웃했던 일을 꼽고 싶다. 그전까지는 회사의 직원들과 출판계 인맥뿐 아니라 아내와 장모님을 비롯한 대부분의 가족들도 내가 대학을 졸업한 것으로 알고 있었다. 그렇게 오랫동안 주위 사람들을 속여왔기에 가끔은 나 스스로도 내가 대졸자인 걸로 착각할 정도였다.

그런데 나의 커밍아웃에 결정적 계기가 되었던 사건이 있었다. 대한출판문화협회에서 이사로 재직할 당시 청와대로부터 초청을 받았는데 신분 조사를 위해 개인 신상을 적어달라고 요청하는 것이었다. 그런데 아뿔싸, 그곳에 학력난이 있었다. 고민 끝에 나는 내 학력이 천하에 탄로 날까 두려워 바쁘다는 핑계를 대며 초청에 응하지 않았다. 그런데 이후 이 사건은 목에 걸려 있는 가시처럼 나를 괴롭혔다. 그리고 결국에는 모든 것을 밝히고 다시 공부를 시작해야겠다는 결심을 하게 만들었다. 하지만 수십 년 동안 감췄던 사실을 고백하기는 쉽지 않았다. 주위 사람들의 반응이 두려웠고 머릿속이 아찔했다.

'쉰 살이 다 될 때까지 모든 주변 사람들을 잘도 속여왔건만 굳이 이렇게 늦게 진실을 밝혀야 할 필요가 있을까? 여태까지 나를 지지하고 도와주고 좋아했던 사람들이 이제는 어떻게 생각할까!'

그때 나는 결정을 해야 했다. 용기를 내서 고백하든가, 죽을 때까지 나를 감추고 살아가든가. 둘 중 하나라고 생각했다. 나는 끊임없는 번뇌 속에서 고민에 고민을 거듭했다. 그리고 결국에는 용기를 내기로 결심했다. 고백하는 일이 부끄러웠지만 수십 년 동안 사람들을 속이고 심지어는 나 자신까지 속이고 살았던 삶이 더 부끄러운 것이라고 생각했기 때문이었다.

"사실은 나 대학 안 나왔어."

처음 이렇게 고백했을 때, 아내는 몹시 충격을 받은 것 같았다. 하지만 막상 고백을 하고 나니 마음속에 들어 있던 돌덩이가 사라진 듯 나는 진심으로 홀가분했다. 그리고 많은 사람들이 나를 탓하기보다는 나의 용기를 응원해주었고, 그것은 이후 공부의 큰 원동력이 되어주었다.

가난은 죄가 아니다

초등학교 시절부터 나는 아이스크림 장사를 했다. 하나라도 더 팔기 위해 목이 쉴 만큼 "아이스께끼~~~, 아이스께끼"라 외치며 동네 여기저기를 누비고 다녔다. 구두닦이를 할 때도 창피한 줄도 모르고 "구두딱! 구두딱!" 하며 청량리 거리를 누볐다. 버스 정류장에서 풀빵 장사를 하고, 교문리 돌다리란 종점에서 뜨거운 다리미로 아이들 옷에 판박이 이름을 새겨주는 일도 했으며 구리 시장

입구에서 토스트 장사도 했다.

그때 이런 나의 처지를 친구들이나 지인들에게 고의로 알리고 싶지는 않았지만 그렇다고 숨기지는 않았다. 그런데 아이러니하게도 그들이 내 장사에 크게 도움을 주었다. 그들이 와서 물을 날라주고 연탄불을 피워주고 또 물건까지 팔아주었던 것이다. 구두닦이라는 사실을 굳이 숨기지 않았기에 학교에서 선생님들의 구두를 닦을 수도 있었다. 가난이 창피해서 점심때만 되면 친구들 몰래 수돗가에 가서 맹물을 벌컥벌컥 마시며 허기진 배를 채웠다는 내용의 다큐를 본 적이 있지만 그때 그 시절에는 그러지 않았다. 특히나 나는 유별나게 솔직했다. 내가 등록금을 내지 못할 정도로 가난하다는 것을, 그래서 장사를 해야 한다는 것을 있는 그대로 드러내었다. 그랬기에 친구들은 나를 위해 두 개의 도시락을 싸오기도 했고, 어떨 때는 도시락 뚜껑에 십시일반으로 밥을 모아주기도 했다. 너무나 고마운 친구들, 감사한 이웃들이었다. 그리고 이 모든 것은 나를 있는 그대로 드러냈기에 가능한 사건들이었다.

그런데 30년 만에 모교로 돌아가 다시 학생이 되고 보니, 그때의 분위기와는 사뭇 다른 것을 체감할 수 있었다. 이제는 가난이 부끄러운 세상이 되어버린 것이다. 아이들은 웬만해서는 자기를 드러내려고 하지 않았다. 서로의 가정 형편을 대체로 알고 있으면서도 애써 모른 척했다. 친구를 도와주고 싶어도 자존심 상할까봐 쉽게 도와주지 못하고 망설이는 경우가 허다했다. 솔직하게 자신의 형편을 이야기하는 것이 자존심 상하는 일이 되어버린 것이

　　　　　　　　　　나는 태도로 운명을 움직인다

다. 어쩌다 가난이 죄가 되어버린 시대를 살게 되었는지 너무나도 안타깝기 그지없다. 그러나 나는 요즘 청춘들에게 그럴수록 자기를 있는 그대로 드러내는 용기가 필요하다고 말해주고 싶다. 배고 프니 밥 한 끼 사달라고 왜 말 못 하는가? 내 형편이 이러니 네가 날 좀 도와달라고 왜 말 못 하는가? 가난이 불편한 것은 사실이지만 삶의 하나의 과정일 뿐, 부끄러운 것이 아니고 죄는 더더군다나 아니다.

진정한 용기는 자기의 실체를 드러내면서 발현된다. 그렇게 자신의 진실을 주변 사람들에게 알릴 때, 진정한 우정도 시작된다. 서로가 뻔히 알고 있는 일을 모른 척하고 대화를 나누는 것이 얼마나 불편하고 고통스러운가! 정말 친구라고 생각한다면, 그에게 당신의 처지를 솔직히 털어놓아라. 그 사람이 진정한 친구라면 오히려 당신에게 조금이라도 도움을 주려고 노력할 것이다.

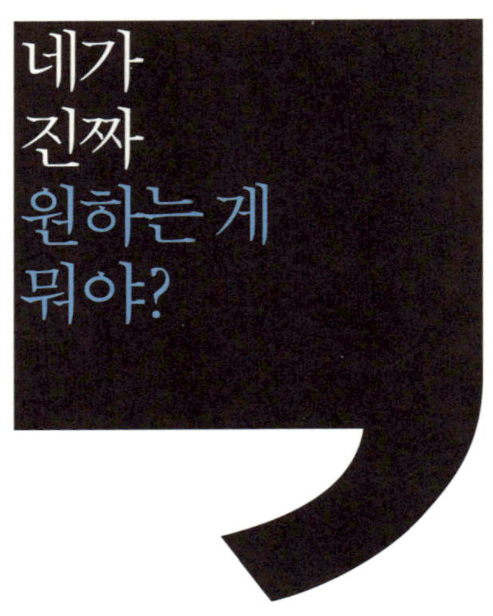

빌 게이츠의 열 가지 조언

다시 고등학생이 되었을 때, 교실 뒤쪽 게시판에 붙어 있는 글을
읽고 한동안 눈을 떼지 못했던 적이 있다. 그 글은 빌 게이츠가 캘
리포니아 주에 있는 마운틴 휘트니(Mt. Whitney) 고등학교를 방문
해 곧 사회에 나갈 학생들에게 들려준 열 가지 조언에 관한 것이
었다. 그 당시 나는 학생이었지만 이미 사회생활을 오래 했기 때
문에 그의 조언이 마음 깊이 와 닿았다. 나는 한참 동안이나 천천

     나는 태도로 운명을 움직인다

히 그 글을 음미했다.

1. 인생은 원래 공평하지 못하다. 그런 현실에 대해 불평하지 말고 받아들여라.

2. 세상은 네가 어떻게 생각하든 상관하지 않는다. 세상은 네가 스스로 만족하다고 느끼기 전에 무엇인가를 성취하여 보여줄 것을 기대하고 있다.

3. 대학을 나오지 않고 연봉이 4만 달러가 될 것이라고는 상상도 하지 마라.

4. 선생님이 마음에 안 든다고 불평하지 마라. 사회에 진출해 직장 상사의 진짜 까다로운 맛을 한번 느껴봐라.

5. 햄버거 가게에서 일하는 것을 수치스럽게 생각하지 마라. 너희 할아버지는 그 일을 기회라고 생각했다.

6. 네 인생을 네가 망치고 있으면서 부모 탓을 하지 마라. 불평만 일삼을 것이 아니라 잘못한 것에서 교훈을 얻어라.

7. 학교는 승자나 패자를 뚜렷이 가리지 않을지 모른다. 어떤 학교에서는 낙제 제도를 아예 없애고 쉽게 가르치고 있다. 그러나 사회의 현실은 이와 다르다는 것을 명심하라.

8. 인생은 학기처럼 구분되어 있지도 않고 여름방학은 아예 없다. 네가 스스로 알아서 하지 않으면 직장에서는 가르쳐주지 않는다.

9. TV는 현실이 아니다. 현실에서는 커피를 마셨으면 일을 시작하는 것이 맞다.

10. 공부밖에 할 줄 모르는 '바보'한테 잘 보여라. 사회에 나온 다음에는 아마 그 바보 밑에서 일하게 될지 모른다.

정말 간절히 원하는 게 있으면 용기를 낼 수 있다

모든 조언들에 공감했지만, 특히 열 번째 조언을 읽고 나자 처음 출판사에서 일하던 경험이 주마등처럼 스쳐 지나갔다. 벌써 30여 년이나 지난 일이다. 고등학교 졸업장도 없던 나와 달리 고학력이었던 상사가 있었다. 그는 같은 일을 해도 나보다 더 좋은 대우를 받았다. 공평하지 못한 처우를 대할 때마다 깊은 바다 속으로 던져지는 기분을 느껴야 했다. 나이도 어리고 능력도 나보다 더 나을 것이 없던 상사 밑에서 일하며 세상의 원리를 배우게 되었다. 우리가 살아가는 사회에서 대학이라는 타이틀이 얼마나 많은 것들을 좌우하는지를 절감하게 된 것이다. 그러면서 나는 천천히 내 삶을 돌아보게 되었다. 나뭇잎도 때가 되면 낙엽이 되고, 봄이 되면 다시 생명을 취하는데 공부해야 할 시기를 놓치고 때늦은 후회를 하는 내가 한심하게 느껴졌다.

회사에서 겪어야 했던 고충은 그것만이 아니었다. 나는 창고에서 입출고를 관리하는 일을 했는데 문제는 아무런 혜택도 없고 권리도 찾을 수 없는 임시직이라는 것이었다.

어떻게든 정규직이 되고 싶었던 나는 남들보다 몇 배로 더 열심

나는 태도로 운명을 움직인다

히 일하면서 기회를 노렸고 결국 그 목적을 이뤘지만 승진이라는 관문에서는 자유로울 수 없었다. 번번이 승진 대상에서 제외될 때마다 나는 공부할 시기를 놓쳐버린 사실을 뼈저리게 후회했다. 비단 그때만이 아니라 고등학교 중퇴라는 꼬리표는 내 인생의 길목을 따라다니며 영향을 주었다. 그렇게 오랫동안 한이 쌓였고, 결국 나는 배움을 멈춘 지 30년 만에 다시 고 3으로 복학했다.

아들보다 어린 아이들과 같은 반에서 공부하겠다는 결심. 이 결심을 실행에 옮기는 데 가장 중요한 것은 마음으로부터 용기를 내는 것이었다. 이미 녹슬 대로 녹슨 머리로 아무리 열심히 단어와 공식을 외워도 다음 날이면 밤새 누군가가 깨끗이 지우개질을 해놓은 것처럼 머릿속이 하얘질 때마다 '과연 할 수 있을까' 하고 좌절하던 내가 어떻게 그런 용기를 낼 수 있었을까? 지금 생각해보면 정말 간절히 원하는 게 있었기 때문에 가능했던 것 같다. 원하는 게 있다고 마음으로부터 바라고만 있으면 절대 이루어지지 않는다. 성패의 여부는 '용기를 내느냐 내지 않느냐'이다. 내 머리를 한탄한 적이 한두 번이 아니었지만 그래도 반드시 대학에 들어가고 싶다는 소망, 어쩌면 이것이 내 생애 마지막 기회일지 모른다는 절박한 희망이 있었기에 나는 마음으로부터 용기를 낼 수 있었던 게 아니었을까?

공부는 학생이 누릴 수 있는 최고의 특권

나보다 훨씬 더 젊은 아이들이 그 좋은 머리를 공부하는 데 쓰지 않는 모습을 볼 때마다 나는 안타까웠다. 학생이라는 신분은 공부 외에는 거의 아무런 책임을 지지 않아도 되는 특권층이나 마찬가지다. 그런 특권층에 속해 있으면서 "공부 때문에 내 인생을 희생하고 싶지 않아요"라고 말하는 아이들을 보면 한편으론 이해하지 못하는 것도 아니었지만 솔직히 인생을 더 산 선배로서 안타까운 마음이 앞섰다. 그 아이들은 행복은 성적순이 아니라는 말을 내세우며 힘겨움을 토로했다. 물론 공부가 아닌 다른 것을 하고 싶은데 누군가에게 등 떠밀려 12년 동안 '희생'한다는 생각으로 공부한다면 그것이야말로 시간 낭비이고 인생 낭비일 것이다. 게다가 그렇게 공부를 해도 대학에 떨어지고 주변 사람을 실망시키기라도 하면 스스로 패배자라는 자괴감에 빠지게 될 것이 뻔하다.

그러나 조금만 크고 넓게, 조금만 다르게 생각해보면 어떨까? 지금 학생이기 때문에 공부에만 전념할 수 있는 거라는 생각으로 전환해보면 어떨까? 대부분의 부모들은 자기 자식이 최대한 공부에 집중할 수 있도록 환경을 조성해준다. 먹고 사는 걱정에는 신경 쓰지 않게 하려고 최대한 배려하고 공부에 대해서는 전폭적으로 지지해준다. 자고 나면 누가 코 베어가도 모를 이 지독한 무한 경쟁 사회에서 부모들은 하루도 쉬지 않고 나가서 생활비를 벌어온다. 행여나 자식들이 공부할 때를 놓칠까 봐 전심전력을 다하는 것이다.

　공부를 그만두고 싶다고 생각하는 학생들에게 늦깎이 선배로서 간곡히 하고 싶은 말이 있다. 정말로 공부가 적성에 안 맞는다면 다른 진로를 찾아봐야 할 것이다. 피부 관리사, 미용사, 배우, 스턴트맨, 영화감독, 소품 또는 섭외 전문가 등 굳이 대학을 나오지 않아도 할 수 있는 직업은 얼마든지 있다. 자발적으로 그 길을 선택하고 대학 입시를 위한 공부를 접는 사람은 패배자가 아니다. 단지 또 다른 길, 또 다른 인생을 만들어가는 사람일 뿐이다. 그러나 아무리 세상이 좋아졌어도 한국 사회는 학력에 따른 차이가 엄연히 존재한다. 어떤 형태이든 기업에 들어가 일할 생각이라면 엄연한 현실은 직시하고 있어야 한다. 똑같은 일을 해도 고졸 출신은 상대적으로 연봉도 낮고 승진 문제에서도 차별받는 것이 현실이다. 훨씬 능력 없고 나이 어린 대졸 출신 상사와 함께 일하면서 일은 더 많이 하고 연봉은 적게 받는 현실. 과연 이런 현실을 견딜 수 있겠는가? 현실이 그렇게 불공평하다고 불평불만만 하고 있을 수도 없는 노릇이다. 다른 대졸 사원들보다 능력을 인정받기 위해서는 두 배로 열심히 잘해야 하기 때문이다. 또한 그렇게 치열하게 살면서 어느 정도 좋은 자리를 차지했다고 하더라도 잠시만 방심하고 사회 변화를 놓치면 곧바로 경쟁에서 탈락한다. 언제나 뒤쫓아 오는 수많은 도전자들이 있기 때문이다. 경쟁에서 살아남기 위해서는 끊임없이 새로운 목표를 세우고 노력하는 것이 중요하지만 체계적인 지식이 바탕에 깔려 있지 않으면 안 된다. 그리고 그 지식은 고등학교, 대학교 때 배운 것들을 토대로 형성된다는 것을 알아야 한다.

자신의 인생을 선택하자. 대학에 안 가더라도 자신이 선택한 길을 향해 맹렬하게 나아간다면 그 사람은 얼마든지 성공할 수 있다. 그러나 단순히 공부가 하기 싫어서 안 하는 것이라면 그 사람은 무엇을 하든 실패하고 후회하기 십상이다.

진심으로 자신이 뭘 원하는지, 어떻게 살고 싶은지 심사숙고한다면 공부를 아예 접든 공부에 열심히 매달리든 그 어느 쪽에서 용기를 내든 나중에 후회하지 않을 것이다.

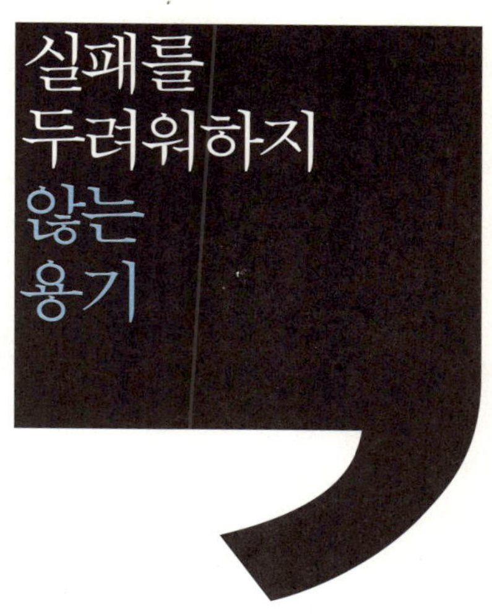

안 보든 열심히 하는 것만이 미덕인 줄 알았고, 꼭 해내겠다는 오기, 실패를 두려워하지 않고 나서는 용기만은 누구보다 자신이 있었다. 쓰러지지 않을 정신력이 있었기 때문에 그는 모든 것을 참고 견뎌냈다.

그러던 어느 날, 부상으로 벤치에 앉아 있어야 했던 그 선수 앞에 어떤 외국인 감독이 나타났다.

"자네는 경기에 임할 때 자신감과 용기가 대단하군. 그 정신력으로 조금만 더 열심히 하면 멋진 축구 선수가 될 거야."

그는 훗날 이 말 한 마디가 자신을 축구 선수로 성공하도록 이끌어주었다고 말했다. '축구 천재'라는 말을 천 번 듣는 것보다 감독의 이 말 한 마디가 더 황홀했다고 말하는 선수, 그가 바로 박지성이고, 그에게 칭찬의 한 마디를 던진 감독은 다름 아닌 히딩크였다.

박지성 선수는 월드컵 기간 내내 히딩크 감독의 칭찬을 떠올리며 죽기를 각오하고 뛰었고, 마침내 월드컵 골의 주인공이 되었다. 그리고 그 뒤 네덜란드 리그를 거쳐 세계 최고의 프리미어리그, 그것도 세계 최고의 명문 구단인 맨체스터 유나이티드에 둥지를 트는 데 성공했다. 그는 언젠가 이런 말을 했다.

"지금 당장은 10분을 뛰어도 좋고 20분을 뛰어도 좋다. 지금처럼 자신감과 용기를 갖고 그라운드를 누비다 보면 언젠가는 세계 최고의 선수들과 어깨를 나란히 할 수 있는 날이 올 것이다."

이렇게 실패를 두려워하지 않는 용기 있는 자세로 맨체스터 유

 나는 태도로 운명을 움직인다

나이티드에 입성한 박지성 선수는 현재 세계 최고의 선수들과 어깨를 나란히 하고 있다.

실패보다 더 무서운 것은 포기다

"공부하는 남편보다 돈 벌어오는 남편이 최고죠."

야구 해설가 하일성 씨가 내 아내에게 이렇게 말하자 그녀는 이렇게 응수했다.

"저는 돈 벌어오는 남편보다 저랑 놀아주는 남편이 훨씬 좋아요."

아내의 이 말 한 마디에는 평생 동안 쌓인 한이 들어 있었다. 그녀는 곧잘 나에게 이렇게 말하곤 한다.

"1년 365일 회사에 출근하고 매번 밤이 이슥해야 집에 들어오니, 당신은 정말이지 재미없는 남편이고, 불행한 사람이에요."

나는 평생 아내에게 이런 소리를 듣고 살아왔다. 나 역시 아내의 말에 전적으로 공감한다. 일을 손에서 놓지 못할 뿐 아니라 일을 떠나면 불안해지는 강박증이 심해 정신과 치료를 받은 적도 있었기 때문이다. 아내뿐 아니라 나를 잘 아는 주변 사람들은 이렇듯 '여유가 없는 사람'이라고 나를 평가한다. 그런데 사람들이 또 한 가지 지적하는 나의 특징이 있는데 그것은 도무지 겁이 없다는 것이다.

나는 출판사를 경영하면서도 끊임없이 새로운 사업을 시도했다. 대한민국 최초로 무료 동영상을 시도했고 영어 방송만이 가능했던 시절에 일본어 강좌를 정규 채널인 SBS를 통해 개설, 전국에 방영했다. 〈락 인 재팬〉이라는 잡지사를 만들었고 '씨네 플러그'란 유통 회사도 설립했다. 또 장소를 불문하고 언제 어디서든 강의를 들을 수 있는 시스템인 'dongyangtv.com'이라는 교육 프로그램도 추진했다.

경기가 좋지 않아 새로운 사업을 만류하는 사람도 있었지만 실패를 두려워하면 아무것도 이룰 수 없다고 생각했다. 두발자전거는 목적지를 향해 끊임없이 페달을 밟아야 가치가 있는 것이지, 가만히 있으면 그저 고철 덩어리에 불과한 것이 아니던가. 월트 디즈니는 자신의 죽음을 앞두고 이런 고백을 했다고 한다.

"나는 나이 스물한 살이 되던 해에 생애 처음으로 파산을 맞았습니다. 나는 깡통에 든 차디찬 콩을 먹으면서 낡은 소파에서 잠을 잤습니다. 하지만 꿈을 좇아 할리우드로 가는 것을 포기할 수 없었습니다. 내게는 분명히 할 수 있다는 자신감과 실패를 두려워하지 않는 용기가 있었기 때문입니다."

디즈니가 도전해 이루어낸 성공을 우리라고 이루지 못하리란 법은 없다. 그렇다면 디즈니가 말한 '자신감' 그리고 '실패를 두려워하지 않는 용기'는 어떻게 하면 키울 수 있을까?

먼저, 자신감은 자신이 꿈꾸는 미래에서 나온다. 과거를 아쉬워하거나 현재의 모습에 연연하지 말고 미래에 대한 자화상을 빨리 그려야 한다. 꿈의 지도를 벽에 붙여놓고 각오를 다져라. 미래의 자화상을 그려놓고 의지를 다진다면 자신감이 넘칠 것이다. 그리고 자신감을 불러일으키는 사람들을 만나자.

히딩크 감독의 칭찬 한 마디는 박지성 선수를 새로운 사람으로 부활시켰다. 나 역시 어린 시절 "난 너처럼 멋진 녀석을 처음 봤다"라는 선생님의 말 한 마디 덕분에 사교성 넘치는 사람으로 성장할 수 있었다. 이렇듯 우리 주변에는 할 수 있다는 자신감을 심어주는 사람들이 있다. 그런 사람을 가까이해보자. 가까운 곳에서 그런 사람을 찾기 어렵다면 좋은 책을 골라 읽거나 강연을 찾아다니며 들어도 좋다.

또, 실패를 두려워하지 않는 용기는 어떻게 키워야 할까? 독수리는 새끼가 어느 정도 자라면 둥지를 흩트려버린다. 그러면 부드러운 깃털들은 둥지에서 사라지고 뾰족한 나뭇가지들만 남아 새끼들의 몸을 찌른다. 그때 어미가 새끼를 한 마리씩 잡아 수십 미터 높은 하늘에서 떨어뜨린다. 아직 날갯짓을 배우지 못한 새끼들은 바둥거리며 안간힘을 쓰지만 속수무책으로 떨어지는데 어미는 신속하게 내려가 새끼를 받는다. 그런 다음 또 위에서 떨어뜨리고 아래에서 받아주는 일을 반복한다.

이렇게 하는 동안 어느새 새끼들은 나는 법을 익히게 되고 새 중의 왕 독수리로 성장한다. 실패를 통해 다져진 강인한 날개는 폭풍우가 몰아칠 때도 유감없이 능력을 발휘하는 원동력이 되는 것이다.

이렇듯 실패는 동물에게나 인간에게나 성공의 과정에서 필연적

인 것이다. 그러니 실패를 두려워하지 않는 용기를 내보자. 실패
보다 더 무서운 것은 포기이다.

소통

; 타인의 마음으로 들어가는 문

다른 사람의
속마음으로
들어가라. 그리고
다른 사람이
당신의 속마음으로
들어오게 만들어라.

_마르쿠스 아우렐리우스

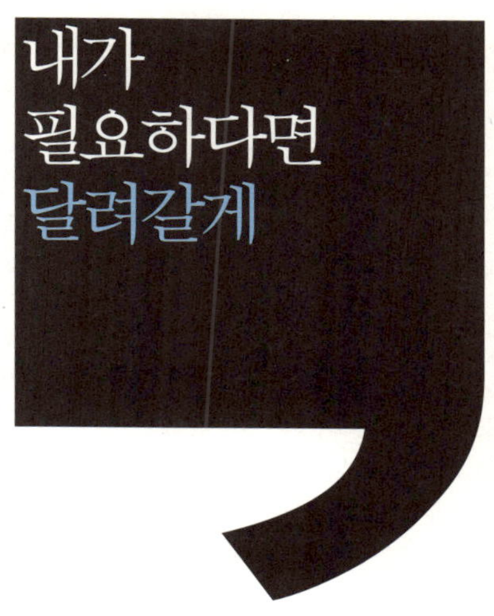

공부 이상의 공부

어릴 적 나는 홀어머니의 가르침에 깊은 영향을 받았다. 어머니는 남자라면 자기가 맡은 분야에서만큼은 최고라는 것을 보여줘야 한다고 엄하게 주입시키시는 분이었다. 내가 초등학교 때부터 고등학교 때까지 줄곧 반장을 놓치지 않았던 것은 어머니의 주입식 교육 덕분이기도 했다. 그런 어머니의 가르침이 없었더라면 나이 마흔여덟 살에 복학하여 대학을 졸업할 때까지 그 힘든 과정 또한 견뎌내지 못했을 것이다. 그러고 보면 어머니의 교육 방침은 내 삶에 그야말로 지대한 영향을 미쳤다. 어머니는 지각이나 결석도 절대 용납하지 않으셨는데 학생이라면 비록 아프더라도 집이 아니라 양호실에 드러누워야 한다는 원칙을 펼치실 정도였다. 그런 어머니의 가르침에 익숙해진 나는 초등학교와 중·고등학교 때까지 사고가 났을 때를 제외하고는 결석은커녕 지각 한 번 하지 않았고 뒤늦게 복학해서 대학을 졸업할 때까지도 마찬가지였다. 28년이 넘게 사회생활을 하면서도 무지각, 무결석이라는 이 본능적인 소신을 어긴 적은 없었다. 어떠한 중요한 일이 생겨도 학교나 회사의 출석과 출근을 거부할 명분을 찾지는 못했다. 거의 모든 일이 회사와 학교 다음 순위로 밀려나 있었다. 그것이 책임감 있는 사람의 도리라 여겼기 때문이다. 그래서 아들이 몸이 아파 학교를 못 가겠다고 했을 때에도 어머니 말씀처럼 학교 양호실에 누워 있으라고 윽박질러 보내기까지 했다.

그런데 대학에 들어간 이후 나의 이런 원칙은 조금씩 달라지기 시작했다. 이런 변화는 수빈이라는 여학생과 김지완이라는 동기 덕분에 시작되었다. 어머니의 병간호로 휴학한 수빈, 소아마비를 앓고 있는 아버지의 병간호를 위해 기꺼이 휴학과 복학을 거듭한 지완. 두 친구들은 굉장히 성실하고 봉사를 즐겨 하는 학생들이었다. 이들이 지향하는 삶에 자기중심이라는 절대적 명제는 결코 없었다. 육체를 가누기 힘든 가족들에게 도움이 필요하다면 과감히 자신을 희생하는 두 사람은 학교생활에도 소홀함이 없었다. 필요한 이에게 서슴없이 자기 자신을 내어주는 진심과 용기. 두 사람은 교과서에 나오는 공부 이상의 인생 공부를 하게 해주었다. 이들의 행동을 보면서 1등이라는 기록 그리고 무지각, 무결석이라는 표면적 목적만을 성취하려고 발버둥 쳤던 나의 태도가 중늙은이의 추태처럼 느껴져서 진정 부끄러웠다.

무지각, 무결석의 기록을 깨뜨리다

기말고사를 일주일여 앞둔 어느 날 오랜 친구의 전화를 받았다. 초등학교뿐 아니라 중·고등학교까지 함께 다녔던 J라는 친구가 폐암으로 사경을 헤매고 있다는 소식이었다. 학교가 끝나고 급히 병원으로 달려갔지만 얼마 살지 못할 것이라는 죽음의 진단이 내려졌고 친구도 담담하게 죽음을 받아들이고 있었다. 자존심이 강한 이 친구는 그동안 누구에게도 자기의 아픔을 드러내지 않았고, 죽음이 임박해서야 가까운 친구들에게 소식을 전했다. 병마와 투병하며 힘들어하면서도 나보다 먼저 세상을 떠나 미안하다며 J는 핏기 없는 얼굴, 뼈만 남은 앙상한 몰골에 모르핀 주사로 힘든 고통을 겨우 견디고 있었다.

그는 사업을 왕성하게 벌였는데 자신이 투자한 거래처의 부도로 연쇄 부도를 맞아 힘든 시기를 견뎌야 했다. 그 후 재기를 눈앞에 두고 폐암이라는 또 다른 악재가 닥친 것이다. 나는 기말고사 기간이었지만 학교와 병실을 수시로 오갔다. 자식도 없이 사랑하는 부인을 세상에 남겨두고 떠나는 것이 못내 미안한 듯, 모든 장례 절차를 나에게 부탁한다는 유언을 남기고 친구는 끝내 세상을 떠났다.

나는 친구의 시신을 벽제에서 화장하여 가평 한적한 곳에 수목장으로 마무리하기까지 그의 곁에 있었다. 무지각, 무결석이라는 기록을 세우는 일보다 나를 필요로 하는 사람이 있다면 과감히 떨치고 달려가 그와 소통하고 싶었다. 54년이 넘게 사는 동안 갖고 있었던 원칙에 대한 강박증에서 벗어나라고 친한 친구가 죽음으로 일깨워준 듯하다.

친구의 죽음으로 무지각, 무결석이라는 내 삶의 기록은 깨졌지만, 그와 동시에 새로운 인생의 기록이 시작되었다! 더 이상 보여주기 위한 기록과 형식에 얽매이는 불쌍한 사람으로 살지는 않을테니까.

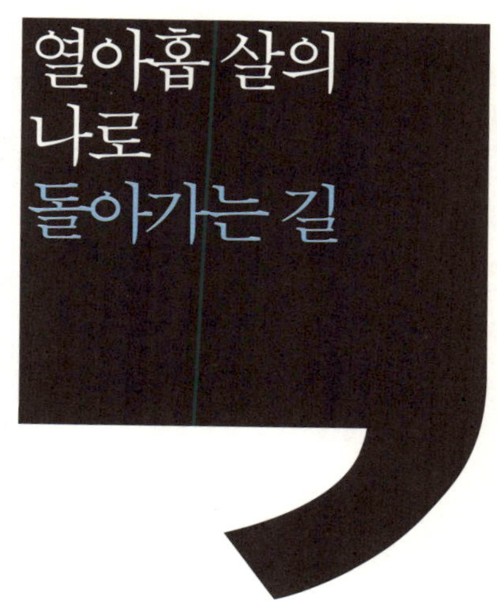

원칙주의자의 매서운 교육관

아들이 유학을 다녀온 후 고등학교에 복학한 지 며칠 되지 않은 어느 날 저녁이었다. 식탁에 앉아 함께 식사를 하는데 아들이 의자에 잘 앉지를 못 하고 고통스러워하는 것이 아닌가. 놀란 내가 왜 그러느냐고 물었더니 후배들과 담배를 피우다 선생님께 들켜서 맞았다는 것이었다. 바지를 내려보니 엉덩이에 시퍼렇게 피멍이 들어 있었다. 심하다는 생각이 들어 요새도 이렇게 많이 때리

느냐고 물었더니 후배들과 함께 담배를 피우다 걸렸는데 자청해서 후배의 몫까지 맞았다고 했다. 그때 나는 처음으로 아들이 담배를 피운다는 걸 알게 되었고 적지 않은 충격을 받았다.

그날 나는 아들에게 이후에 담배를 피우다 발각되면 선생님보다 내가 더 엄하게 처벌을 내리겠다고 경고했다. 그러나 중독성이 강한 담배를 아버지의 말 한 마디에 끊기는 쉬운 일이 아니었을 것이다. 아들은 내가 제시한 원칙을 지키지 못했고 그럴 때마다 나는 체벌을 가했다. 사소한 거짓말도 그냥 묵인하고 넘어갈 수는 없었기 때문이다.

나는 방문을 걸어 잠그고 힘을 다해 엉덩이를 내리쳤다. 원칙주의자인 나로서는 그것이 아들을 위한 아버지의 사랑이라고 생각했다. 고통에 일그러진 아들의 얼굴에 눈물이 번져나갔다. 그 모습을 보는 나 또한 고통스러웠지만 새롭게 변신하는 과정에서 당연히 지나가야 할 통과의례이겠거니 했다. 어머니가 "애비 없는 호래자식이 되어서는 안 된다"고 엄하게 나를 키운 것처럼, 나 또한 아들이 나약하고 버릇없다는 소리를 듣고 싶지 않았기에 무조건 원칙대로 엄하게 키워야 한다는 게 그 당시 나의 교육관이었다.

그런데 내가 고 3으로 복학하기 딱 하루 전날 저녁이었다. 다음 날 학교에 갈 일이 걱정이 된 나는 아들에게 고등학교 생활에 대해 궁금한 것들을 이것저것 물어보았는데 그러다 보니 시간이 훌쩍 흘러 12시가 넘어가고 있었다. 그때 빨리 자고 일찍 일어나라고 말하며 제 방으로 돌아가려는 아들을 붙잡고 마지막으로 아빠에게 꼭 충고해주고 싶은 게 있으면 해달라고 부탁했다.

"이제 학교 가서서 고등학생들이랑 생활하시다 보면 아버지 아들 철영이가 그래도 정말 예의바르게 자랐다는 것을 아시게 될 거예요. 아버지, 혹시 아이들이 담배 피워도 모른 척해주세요."

아들의 이 말에 그저 알겠다고 넘어갔지만 그때만 해도 이면에 담겨 있는 의미를 제대로 읽지 못했다.

마흔여덟 살의 나를 버리다

그런데 아들이 왜 그런 말을 했는지 깨닫는 데는 그리 오랜 시간이 걸리지 않았다. 원칙을 정하고 지키지 않으면 무서울 정도로 매를 휘둘렀던 나. 나의 그런 행동이 아들의 생각과 개성을 고려하지 않는 불통의 사고방식에서 비롯되었다는 것을 나는 언제부턴가 깨닫게 되었다. 사고의 전환점을 마련해준 사건은 고 3에 복학한 이후 수업 시간에 일어났다.

어느 날 감기에 걸린 선생님이 수업 중에 끊임없이 마른기침이 나오자 한 학생에게 부탁을 했다. 교무실에 있는 선생님 책상 서랍에서 녹차를 꺼내 뜨거운 물에 담아오라는 부탁이었다. 그런데 그 학생은 녹차를 뜨거운 물이 아닌 찬물에 담아서 가져왔다. 선생님이 뜨거운 물에 다시 담아오라고 말씀했는데 나로서는 그때 그 학생의 반응을 참 이해할 수가 없었다. "아, 그럼 이 녹차는 제가 마실게요" 하면서 단숨에 녹차를 들이켜는 것이었다. 그 모습을 보면서 나는 정말로 당황스러웠다. 그런데 그런 나와는 달리 당사자인 선생님도, 나머지 다른 학생들도 아무렇지도 않게 반응했고 수업은 계속 진행되었다. 나는 수업이 끝나자마자 그 학생을 불러 선생님께 한 행동에 대한 잘못을 지적하고 내가 갖고 있던 도덕관에 대해 이야기했다. 물론 내 나름대로는 아버지처럼 따뜻하고 부드럽게 이야기했다고 생각했다. 하지만 그 학생은 시큰둥한 눈빛으로 나를 쳐다보더니, 그 이후로는 나를 멀리하기 시작했다. 비단 그 학생만이 아니었다. 그날 내 행동을 지켜본 반 아이들의 대부분이 나를 멀리하기 시작했다.

인생의 선배로서 아이들에게 진정한 멘토가 되어주겠다는 내 생각은 아무도 알아주지 않았고 오히려 나는 점점 외톨이가 되어갔다. 이게 바로 소위 말하는 '왕따'구나 싶었다. 그러자 갑자기 두려움이 밀려들었고 학교에 가는 것도 부담스러워졌다. 그런 와중에 아들은 나에게 이렇게 물었다.

"아버지, 다른 아이들과 저를 비교해보셨어요?"

이 말을 듣자 갑자기 가슴이 턱 막히고 숨이 멎는 듯했다. 예전에 아들이 왜 나에게 그런 말을 했는지 뼛속 깊이 이해가 되었기 때문이다.

그래서 나는 생각을 고쳐먹었다. 일단, 내 생각과 행동의 기준으로 아이들을 평가하는 태도를 버렸다. 그 대신 모든 것을 아이들의 사고방식에 맞추는 대변신을 시도했다. 마흔여덟 살인 나를 버리고 열여덟 살의 내가 되자고 결심한 것이다. 철저하게 다른 고 3 아이들처럼 생각하고 행동하려고 의도적으로 노력했다. 처음에는 몸과 마음이 따로 놀았다. 몸은 아이들과 똑같이 행동하고 있는데 마음속으로는 세상의 질서와 도덕이 다 무너지는 것 같아 괴롭기 짝이 없었다. 그런데 참 신기하게도 그렇게 과감히 나이라는 기득권을 버리자 새로운 세상이 열리기 시작했다. 진정으로 아이들과 소통하게 되면서 점점 그들의 문화가 편리하고 유용하게 느껴지는 것이었다. 세상의 모든 사물에는 흐름이 있게 마련인데 그것을 인정하지 않았던 내 모습도 객관적으로 보이기 시작했다.

이미 어른들이 갖고 있는 인식의 틀 안에는 선과 악, 옳고 그름의 기준이 깊숙이 자리 잡고 있다. 하지만 이렇게 규격화된 테두리 안에서만 아이들을 평가하기에는 세상이 너무 변했다.

내가 소통을 나눴던 아이들은 참으로 지혜로웠다. 어른들은 검증된 길이 아닌 곳으로 벗어나면 본능적으로 표준 궤도로 되돌아가려 하지만, 아이들은 자신들의 눈으로 새로운 길을 개척하려는 창의력을 갖고 있었다. 어른들만의 경험적 인식을 내세워 아이들을 강제하기보다는 개성을 존중해주고 지켜봐주는 기다림의 여유가 더욱 필요하다는 것을 나는 체험으로 깨달았다.

방목과 방치는 다르다

지금 생각해보면 엄격한 잣대로 아들을 키웠던 나의 교육 방식이 백 퍼센트 옳은 것만은 아니었다는 것을 처음 깨달은 것은 내가 다시 공부를 시작하면서부터였던 듯하다. 내가 학생이 되고 보니 누구보다 아들이 무엇 때문에 힘들어하는지가 보였다. 그리고 아들에게 가혹한 기준을 내세우고 상처를 줬던 나 자신을 객관적으로 바라보는 내면의 눈이 생겼다. 방목으로 키우지 못하고 왜 우리에 가두려고만 했는지 나는 뒤늦게 후회가 되었다.

하지만 방목과 방치는 분명 다르다. 그렇다고 해서 방치를 해서는 안 된다. 놓아 키우는 소들이라고 목동들이 무조건 내팽개치지는 않는다. 오히려 우사에서 키울 때보다 더 깊은 관심을 보여야 하는 것이 방목이다. 혹시 이 글을 부모들이 읽고 있다면 나처럼 후회하지 말고 꼭 방목하는 육아법을 사용하라고 이야기해주고 싶다.

"아이들을 힘이나 엄한 벌로 훈련하지 마라. 마음을 즐겁게 해주어라. 그것이 아이의 재능과 성향을 발견하고 돕는 길이다"는 플라톤의 말을 가슴에 다시 한 번 새겨보라고 권하고 싶다.

　　　　　　　　　　　나는 태도로 운명을 움직인다

신문팔이 소년의 무용담

"겨울이었어. 새벽에 일어나서 보니까 눈이 엄청 많이 온 거야. 길이 미끄러워 신문 돌리기가 참 어려웠지. 그래서 내가 고안한 전매특허 방법을 썼지. 노끈을 신발에다 칭칭 감으면 미끄럼이 훨씬 덜하단다. 바짓단을 발목에다 살짝 묶는 것도 잊지 않았어. 그래야 양말에 눈이 덜 들어가거든. 그때 우리 가족은 대문 바로 앞에 달린 문간방에 살았는데 화장실에 가려면 주인집 마당을 지나가야 해서 너무 눈치가 보이는 거야. 그렇다고 추운 길목에서 서너 겹으로 끼워 입은 바지를 내리기도 쉽지 않고 말이야. 그래서 꾹 참고 보급소가 있는 농협 화장실까지 가는 날이 많았지. 그런데 어느 날이었어. 새벽 미명 사이로 화장실이 보이자 바지 단추를 풀고, 화장실 문을 열자마자 참았던 소변을 보는데 아뿔싸! 안에서 이미 어떤 여자가 일을 보고 있었던 거야. 여자의 고함 소리에 놀라서 나는 혼비백산 도망쳤는데, 그 여자는 얼마나 황당했을까?"

내 이야기를 들은 아들이 킥킥 웃는다. 그때 그 화장실 자리를 아들과 함께 가보았다.

지금은 한양대학교 부속병원이 우뚝 들어서 있었다.

"60~70부까지는 노끈이 없어도 신문을 겨드랑이에 끼고 돌릴 수 있었는데 나는 120부 정도를 돌려야 하니까 목에 끈을 이렇게 걸고 돌렸어. 여기가 그때 그 신문 보급소야. 옛날에는 여기가 물이 흐르던 작은 개울이었어. 매일 다니는 길이었으니까 돌멩이 하나도 어디에 어떻게 놓여 있는지 다 알았거든. 근데 말이야. 어느 날 저쪽에서 눈 덮인 신문지 같은 게 보이는 거야. 아무 생각 없이 발로 툭 찼는데 그것이 돈뭉치더라고."

"그래서요?"

"신문지를 펴고 눈과 함께 정신없이 끌어모았지. 아직 주위는 어두컴컴하고 주변을 둘러봐도 아무도 없는 새벽이었어. 너 같으면 그 돈을 어떻게 하겠니?"

"글쎄요. 지금 마음은 주인을 찾아줄 것 같은데 막상 돈을 보면 갈등은 생기겠죠?"

"그렇지. 나도 마음속에서 갈등이 일었단다. 근데 그때 미명 속에서 어른 한 사람이 나타난 거야. 그래서 내가 물었지. '이 돈 아저씨 거예요?' 그랬더니 그 아저씨가 '어? 어'라고 답하는 거야. 근데 영 믿을 수가 있어야지. 그래서 돈뭉치를 얼른 끌어안고 저기 구리 파출소로 정신없이 뛰어간 거야. 혹시라도 아저씨가 따라올까 봐 무서워서 말야. 파출소에 다 와서 뒤돌아보니까 그 아저씨는 안 보이더라고. 돈을 파출소에 맡기느라 신문 돌리는 시간이 허비돼서 죽어라 뛰어 겨우 지각을 면했지."

"그 돈 주인 찾았어요?"

"그래. 소 판 돈이라고 하더라. 그때 나는 내 자신이 정말 기특했어. 그 시절에 소는 한 집안의 희망이고 전 재산이었거든."

"사례금은 얼마 받으셨는데요?"

"만화책 두 권 받았지. 『손오공』이었던가……."

"네에?"

"신문 돌릴 때 제일 재수 좋은 날이 어떤 날인지 아니? 신문 파는 날이지. 신문 돌릴 때마다 두세 부는 확장용으로 주는데, 새벽 운동하는 분들이 가끔 현장에서 직접 살 때가 있었거든. 그때가 기분 최고였지."

구두닦이 학생의 분투기

"신문을 돌려도 학비가 모자라서 선생님들 구두를 닦았어. 여기가 예전에는 선생님들 신발장이었거든. 그때 여기는 중·고등학교가 같이 있어서 선생님들이 쉰 분 정도 계셨는데 아빠는 여기서 비가 오나 눈이 오나 선생님들의 구두를 닦았지. 지금처럼 그때도 나는 운동을 무척 좋아했지. 특히 축구를. 근데 점심시간에 친구들이 운동장에서 즐겁게 축구하면서 뛰어놀 때, 나는 여기에서 구두를 닦은 거야."

나는 이렇게 말하며 학교 건물 가운데 휑하니 뚫린 복도를 가리켰다. 그러자 아들의 얼굴이 숙연해졌다.

"여기는 겨울에 칼바람이 불거든. 그래도 학비를 벌려고 추위를 참아가며 구두를 닦았지."

그러자 갑자기 아들의 눈가가 불그스레해졌다. 잠시 동안 침묵이 흐르고 아들은 약간 목멘 소리로 물었다.

"친구들 앞에서 구두 닦는 것 창피하지 않으셨어요?"

"그래, 너희들 말처럼 처음에는 '쪽팔렸지'. 게다가 학교가 남녀공학이었어. 한 반에서 남녀가 같이 공부하니까 더 창피했지. 근데 돈이 없어서 학교에 못 다니는 것보다는 낫다고 생각했어. 처음에는 여기 구두 닦는 곳에 아무도 안 왔는데 나중에는 친구들 몇몇이 와서 도와주기도 했어."

"선생님들이 쉰 분 정도 계시는데, 점심시간에 그 많은 구두를 다 닦으셨어요?”

“오전 3교시 수업이 끝나면 일단 도시락을 먹었지. 그리고 12시 종이 울리면 100미터 달리기 스타트 라인에서 출발을 기다리던 사람처럼 쏜살같이 달려와서 점심시간 내내 꼬박 닦았어. 그래도 그걸 다 닦는 건 무리였지. 그러니까 쉬는 시간에 내려와서 또 닦고, 그래도 모자라면 수업 다 끝나고 또 닦았지. 선생님들이 많이 도와주셔서 겨우 가능했던 거야. 내가 제일 싫어하는 날이 어떤 날인지 아니? 비오는 날? 틀렸어. 비오는 날은 최고로 좋은 날이고, 비온 다음 날이 제일 싫었어. 그때는 오늘은 안 닦아도 되니까 그냥 놔둬, 라고 말하는 선생님이 제일 고마웠거든.”

“그럼, 미운 선생님은요?”

“축구하러 빨리 가야 하는데 불광 좀 올려달라는 선생님.”

“불광요? 불광도 올릴 줄 아세요?”

“그럼, 내가 그 이야기를 안 해줬구나. 옛날에 아빠가 청량리하고 이문동 사이를 구두 통을 메고 다니는, 말 그대로 ‘슈샤인 보이’였어. 구두 닦는 선수였지. 아는 사람 만날까 봐 사실은 마음이 항상 어둡기는 했는데 결국 친구들 대부분이 알게 됐지. 근데 오히려 그게 마음이 편하더라. 선생님들 구두를 닦고부터는 더 이상 길거리에서는 구두를 안 닦았지. 너도 곧 군대를 가보면 알겠지만 아빠는 구두를 잘 닦아서 군대에서도 한동안 편했어. 중대장님을 보필했거든. 후후! 기술 전수받을래?”

“진짜 대단하세요!”

말은 그렇게 했지만 아들의 눈시울이 살짝 붉어지고 있었다.

"사실 학교에서 구두를 닦게 된 데에는 그만한 사연이 있었어. 요즘은 길거리에서 신문 파는 아이들이 없지만 그 시절만 해도 명 맥이 이어져 내려오고 있었거든. 근데 그렇다고 아무나 팔 수 있 는 게 아니었어. 주먹깨나 쓴다는 사람들이 그 지역에서 일종의 커미션 같은 걸 줘야 팔 수 있었거든. 근데 난 그런 단계 안 밟고 그냥 보급소에서 남은 확장용을 팔았으니까 파는 만큼 이익금으 로 남았지. 위생병원 앞에서 내려서 샛길을 통해 철길 건너편 외 대까지가 내 판매처였거든. 그런데 어느 날 그 샛길을 지나가는 길이었는데 갑자기 누군가 뒤에서 각목으로 내 어깨를 내리치는 거야.

그 순간, 충격으로 정신이 혼미한데 남자 세 명이 달려들더니 몽둥이와 발길질을 해대는데 정신도 못 차리고 계속 얻어맞았어. 그 구역 커미션도 안 내고 신문을 판다 그거였지. 한참 후에 노점 상 아줌마가 도와주셔서 겨우 일어나서 집에 갔는데 너무 아파서 며칠 동안 학교도 못 갔지. 근데 난 몸이 회복되자마자 친구들이 랑 그놈들을 찾아 나섰어. 너무 화가 나서 복수해야겠다고 결심했 거든. 보급소장이 그러지 말라고 말렸지만 난 계속 신문을 팔았 어. 대신 나를 지키기 위해 참나무로 만든 국기봉에 덮개를 씌워 서 허리춤에 끼고 다녔어. 근데 정말 3일 만에 골목길에서 그놈들 을 딱 만난 거야. 보자마자 참나무 몽둥이로 사정없이 내리쳤어. 그날의 복수를 한다는 심정이었지. 결국 경찰이 출동해서 우리 모

    나는 태도로 운명을 움직인다

두 피투성이가 된 채로 끌려갔지. 아빠는 학생 신분인 게 정상참 작이 돼서 담임선생님과 학생과장 그리고 목사님의 입회 아래 인 계되었고 그놈들도 훈방 조치가 되었는데 많이 다쳤지. 며칠 후 에 학교에서 나에 대한 사정회가 열렸는데 선생님들이 날 믿어주 신 거야. 학비 벌려고 고생하는 내 의지를 대견하게 보신 거지. 그 래서 나를 부르시더니 '너 구두를 잘 닦으니까 밖에서 신문팔이 나 구두닦이 하지 말고 학교에서 선생님들 구두를 닦아보지 않을 래?'라는 거야. 나는 기쁘게 수락했지. 그때부터 선생님 한 분당 월 500원을 받고 구두를 닦게 된 거야."

토스트 장사를 하게 된 사연

"가족 모두가 열심히 노력한 끝에 판잣집에서 벗어날 수 있었어. 구리 시장 2층, 벽돌로 된 벽에 슬레이트로 덮은 집으로 이사를 한 거야. 어머니는 여름에는 모기장을 만들었고, 일거리가 없으면 한복집 일을 하청받아서 하셨지. 그래도 그런 어머니의 노력만으 로는 살기가 너무 힘들었으니까 뭔가 도울 일이 없을까 고민을 하 기 시작했어. 근데 선생님들이랑 한 약속이 있으니까 신문팔이랑 구두닦이는 하면 안 되잖아. 그래서 생각해낸 것이 구리 시장 입 구에서 토스트 장사를 하는 거였어. 틈틈이 모은 돈으로 리어카를 사서 화덕을 만들고, 프라이팬도 준비하고 장사할 채비를 했지."

"어떻게 그런 생각을 하셨어요?"

"여기가 바로 그 장소야. 옛날에는 도로가 상당히 넓은 것 같았는데……. 바로 저곳에 이 지역에서 유일한 극장이 있었지. 구리 극장이라고. 그리고 여기가 시장통이라 사람들의 왕래가 정말 많았어. 나는 교복을 입은 채로 리어카를 끌고 와서 우유와 토스트를 팔았지. 아빠가 달걀 프라이 잘하는 거 알지? 다 이런 숨은 경력이 있었기 때문이야."

아들과 나는 한바탕 웃었다.

"친구들은 아버지가 토스트 장사하는 것 몰랐어요?"

"모를 리가 있나. 다 알지."

"친구들이 뭐라고 안 했어요?"

"나 같은 사람을 자기 자식의 친구라고 하면 요즘 부모들은 어떻게 생각할지 모르겠는데 말야. 그때는 아빠를 본받으라고 한 친구 부모님들이 많았어. 친구들이 리어카도 끌어주고 심부름도 해주고 바쁠 땐 물도 운반해줬지. 도움을 많이 받았어. 그때 그 친구들은 지금 다 훌륭한 사장님이 됐어. 건설업계에서 일하는 최성권, 종로에서 개인 사업을 하는 김만기라는 친구가 있는데 이 두 사람이 아빠를 제일 많이 도와줬지."

   나는 태도로 운명을 움직인다

서로의 경험을 공유하는 것에서 소통은 시작된다

돌아오는 길, 차 안에서 어느새 잠들어버린 아들의 얼굴을 물끄러미 처다보다, 30년 세월 저편 새벽마다 우리 사남매의 잠든 얼굴을 내려다보고 일터로 길을 재촉했을 어머니의 얼굴이 떠올랐다. 삐거덕 판잣집 쪽문을 열고 나가던 새벽 미명 어스름 속의 뒷모습이 아니라 그렇게 떠올려도 잘 되지 않던 젊은 시절의 어머니 얼굴. 이 세상에서 가장 아름다운 한 편의 시로도 다 표현하지 못할 어머니의 얼굴! 그 얼굴과 함께 바느질로 피멍 가실 날이 없던 어머니의 손마디가 떠올랐다.

어쩌다 아들과 고등학교 3학년을 함께 다녔고 우리는 같은 05학번으로 대학 생활을 시작했다. 그런 아들이 대학 2학년을 마치고 입대 영장을 받았을 무렵 나는 그와 함께 내 과거로 여행을 떠났던 것이다. 아들은 어릴 때 이층 옥상에서 아이들과 놀다가 바닥으로 떨어져 머리에 큰 상처를 입은 적이 있다. 아프다고 하면 안 가도 된다는 주치의의 말씀이 있었지만 자원해서 가겠다고 하는 아들이 대견했던 나는 그에게 아버지로서 뭘 해줄 수 있을까 고민하다가 함께 내 과거로 여행을 떠나야겠다고 결심했다. 내가 아들의 나이가 되어 생각하고 행동했던 것처럼 아들도 내 옛 경험을 공유해주기를 그래서 우리 둘 사이에 진정한 소통을 이룰 수 있기를 바랐을지도 모르겠다. 백문이 불여일견이라 직접 내가 살던 동네를 보여주는 것이 백번 이야기해주는 것보다 낫다고 생각한 것도 있었다. 우리는 예전 내가 초등학교 때부터 살았던 달동네로 갔다. 동네가 너무 변해서 과거의 흔적을 찾기가 쉽지는 않았다.

초등학교 6학년 때 이사 와 고등학교 2학년 때까지 살았던 동네. 스무 번이 넘게 이사를 다니며 청춘을 보냈던 그곳. 신문을 돌리고 껌을 팔고, 구두를 닦고 토스트와 아이스크림을 팔던 추억들이 주마등처럼 스쳐 지나갔다. 수십 년 만에 아들과 함께 내 과거 속으로 들어가니 가슴이 뭉클했다. 그리고 아들은 과연 속으로 무슨 생각을 했을지 궁금해졌다. 그러나 나는 굳이 묻지 않았다. 아들의 표정만으로도 우리가 소통했다고 느끼기에 충만했으니까. 아빠의 어린 시절로 돌아간 짧고도 긴 과거 여행이 아들의 군 생활에 조금이나마 도움이 된다면 그것만으로도 충분했으니까.

 나는 태도로 운명을 움직인다

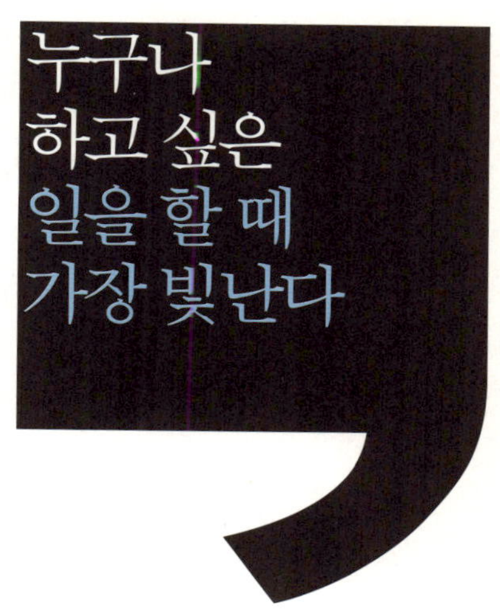

아버지의 은밀한 방해 작전

세상에서 가장 어려운 일이 자식 문제인 것 같다. 아이를 가르치는 일은 배우자에게 운전 연습을 시키는 것보다 몇 백배 더 힘들다. 어느 정도 거리를 유지해야 하는지 판단하기가 쉽지 않고, 어떤 부모로 남을 것인지를 정하는 것도 난해하다. 친한 후배 하나는 이렇게 말한 적이 있다.

"아빠와 아이들의 관계는 이런 게 좋지 않을까요? 존경하고 좋아하고 따르면서도 무섭고 어려운 사람이요."

아무리 생각해도 이만한 정답은 없는 것 같다. 지나치게 다가 서면 멀어지려 하거나 버릇이 없어지고, 그냥 놓아두면 아이의 행동을 보기 힘들고 책임을 소홀히 하는 것 같다는 개운치 못한 감정이 우리 부모들을 혼란스럽게 한다. 핵심은 바로 적절한 관심과 정신적인 후원, 그리고 무엇보다 진심으로 아이와 소통하는 것이라 생각한다. 아이가 의존적인 단계를 벗어나 독립적인 자아를 형성하고 모든 면에서 제 힘으로 설 수 있도록 끊임없이 소통하면서 격려하는 멘토 같은 부모가 이 시대에 가장 적합한 부모상이 아닐까 생각하며 후회되는 일 한 가지를 돌이켜본다.

캐나다로 유학 간 아들이 겨울방학을 맞아 입국했을 때의 일이다. 역시 부모 눈에 자식은 미완성투성이인가 보다. 나는 아들이 방학이라고 그냥 집에서 시간을 보낼까 봐 걱정이 되어 아르바이트 자리를 제안했다. 마침 평소 파티시에가 꿈인 아들에게 경험이 될 만한 자리를 지인으로부터 소개받았던 참이었는데 그것은 다름 아닌 핫도그 장사 아르바이트였다. 홍익대 앞 잔다리길, 젊은 이들로 가득 찬 그 길모퉁이 한쪽 자그마한 리어카에서 핫도그를 파는 일이라고 이야기하자 아들은 흔쾌히 하겠노라고 했다. 서너 시간만 조리법을 배우면 누구나 할 수 있는 일이라 그다지 어렵지는 않지만, 바람막이도 없이 길거리에 서 있어야 해서 추운 겨울에 하기에는 결코 쉬운 일이 아니었다. 그런데 한 가지 문제가 생겼다. 아르바이트 기간이 최소 한 달이라는 것이다. 물론 아들은

　　　　　　　　　　　나는 태도로 운명을 움직인다

한 달 내내 하겠다고 했지만 나의 의중은 따로 있었다. 이 아르바이트를 통해 음식 장사가 얼마나 고된 일인지 깨닫고 파티시에가 되겠다는 꿈을 스스로 포기하기를 내심 기대했던 것이다. 그리고 보름 정도 일해보면 충분히 힘들어하지 않을까 생각했던 것이다. 그런데 주인이 끝내 최소 한 달을 고집하자 나는 보름만 일하는 대신 나머지 보름 동안의 아르바이트 비용은 내가 내겠다고 제시했다.

오전 11시부터 오후 6시까지 추운 길거리 아르바이트가 시작됐다. 시간은 흘러 흘러 한 열흘쯤 지난 저녁 무렵 아들이 할 말이 있다며 회사로 오겠다고 했다. 나는 속으로 쾌재를 불렀다.

'드디어 힘들어서 항복 선언을 하는구나. 이제 파티시에가 되겠다는 소리는 안 하겠지.'

사무실로 들어서는 아들의 볼이 추위에 얼어 발갛게 상기돼 있었다. 그런데 웬걸, 따뜻한 물 한 잔을 먹고 난 아들이 말하길 아르바이트 시간을 더 연장하겠다는 것이었다. 예상치 못한 답변에 당황스러웠지만 아직은 고생이 덜해 그러나 보다 싶어서 얼떨결에 허락을 하고 말았다.

어느덧 한 달이라는 시간이 흐르기 하루 전, 아르바이트 비용의 절반을 미리 갖다 주려고 주인을 찾아갔다. 그런데 주인이 반색을 하더니 돈을 받지 않겠다고 하는 게 아닌가. 사연인즉, 빵도 잘 굽고 요리도 잘 하는 건 기본이고 짧은 기간에 단골까지 확보해 다섯 개 매장 중 최고의 매출을 올렸다며 아들의 능력을 칭찬하는 것이었다. 그러나 그때 나는 그 칭찬이 달갑지 않았다. 파티시에가 되겠다는 아들의 꿈과 재능을 지지해주지 못한 것은 물론이다. 자신이 가장 하고 싶은 일을 할 때 가장 빛날 수 있다는 것을 모르는 바 아니었건만 아들에게는 그 진리를 적용하지 못했던 것이다. 아들의 꿈을 응원해주기보다는 나의 눈높이에 맞지 않는다는 이유만으로 날개를 잘라버린 격이었다. 지금에 와서 깨달았지만 아들을 키우면서 가장 후회가 되는 순간이었다.

한 사람의 아버지는 백 명의 학교장도 못 따른다

영국의 시인 조지 허버트는 '한 사람의 아버지는 백 명의 학교장도 못 따른다'고 말했다. 아버지는 아이의 물질적 후원자 역할만 하는 존재가 아니다. 아이의 모든 세계를 근거리에서 지켜보며 인생의 스승이 되고 정신적 후원자가 되는 것은 무엇과도 비교할 수 없을 만큼 소중한 역할이다. 나는 많은 부모들이 금전적인 후원뿐 아니라 정신적 후원자가 되었으면 좋겠다. 그리고 그러기 위해서 가장 중요한 것은 '원칙'이 아니라 '소통'이라는 것을 내 경험을 통해 알 수 있었다고 이야기해주고 싶다.

　　　　　　　　　　나는 태도로 운명을 움직인다

어머니의 텃밭

어머니 서른여덟에 청상과부 되어

십여 년을 셋방살이만 하다가

처음 얻은 집이 담도 마당도 없고

무허가로 지어서 시청 건물 대장에도 없는

십일 평짜리 문간채였다

그 집에서 어머니는 이십 년을 살았는데

어쩌다 집에 들르면 어머니는

집 옆 골목 길가에 텃밭을 가꾸고 있었다

스티로폼에 흙을 담아 방울토마토나 오이를 심고

그것들 자라는 재미로 살았는데

몇 해 전부턴가 그 텃밭이 사라졌다

사람들이 제 것 아니라고 맘대로 꺾고 따가서

속상해 더 이상 못 기르겠다

사람들 괜히 미워져서 다 치워버렸다

그랬던 어머니, 지난 추석 때

인천에 있는 동생 내외가 도착하자

고추를 총총 썰어 넣고

들깨가루 듬뿍 얹은

가지나물을 내오셨다

골목 안집들은 모두 아파트로 나가고

옆집 외팔이 아저씨는 재작년에

뒷집 욕쟁이 할머니는 작년에 다들 먼저 가셔서

이 골목에 살림하고 사는 사람은

이젠 나 혼자라고

　　　　　　　　　　　나는 태도로 운명을 움직인다

사람이 살지 않자 금세 낡아버린 집이

자꾸 눈에 밟혀

뒷집 마당에 푸성귀를 심었는데

그것들 거름 한 번 안 줘도 잘 자라서

한철 내내 원 없이 먹었다고

이젠 끝물이어서 그런지

고추는 오히려 여름보다 더 맵고

가지는 아직도 물이 꽉 찼다고

이게 바로 내가 농사지은 거라고

얼굴이 붉게 상기되어 자랑하신다

다시 시집가도 되겠어요

애고고 무슨 소리냐, 얘야 이젠 삼이나 심어야겠다

어머니, 뭐 그리 즐거운지 흥얼거리며 뒤안으로 가시는데

씨알 굵은 석류나무 그늘이 환하다

인터넷을 보다가 읽게 된 시 '어머니의 텃밭'이다. 시를 읽다 보니 괜스레 코끝이 찡해온다. 어머니의 손은 한평생 쉬신 적이 없었다. 젊은 시절에는 홀로 삯바느질로 아이들 키워내느라 바쁘셨는데, 이제 좀 손을 놓아도 될 텐데 자식들이며 손주들에게 좋은 것 먹이려고 텃밭을 가꾸신다. 그뿐 아니라 농사라는 소일거리는 어머니에게 여러 가지로 큰 위안이 되는 것 같았다.

그렇게 얼마 전까지 이웃집 땅을 빌려 밭농사를 지으셨던 어머니가 올해부터는 농사를 하실 수가 없게 되셨다. 집주인이 집을 짓는다고 비워달라고 했다는 것이다. 그 이후 어머니는 좋아하던 장난감을 잃어버린 듯 기운이 없으셨다. 어머니는 자투리 시간이 날 때마다 텃밭에 들렀다. 마음 어지러운 일이 생겨도 우두커니 앉아 있기보다 밭에 들어가 호미질을 했다. 그럴 때마다 흥얼흥얼 노랫소리가 들렸다.

나도 이제 나이가 들어 어머니를 어머니가 아니라 그냥 자연인의 한 사람으로 바라보니, 한평생 어머니에게는 자신만의 공간, 자신만의 놀이터가 없었다는 걸 깨달았다. 어머니는 평생 우리의 텃밭이 되어주셨는데, 못난 자식은 어머니에게 한 평의 자투리 공간도 마련해드리지 못했다니……. 불효자가 따로 없다는 생각에 부끄러워졌다. 그래서 나는 어느 날 마음을 단단히 먹고 '어머니를 위한 놀이터'를 만들어드리기로 했다. 상심하시는 어머니를 지켜보다 내린 결론이었다. 잔디로 잘 정돈된 40여 평의 앞뜰을 파헤쳤다. 3년을 키우고 다듬었던 앞뜰이었다. 놀러 오는 사람들마다 앞다투어 보기 좋다고 감탄하던 앞뜰이었지만 나는 과감하게 뒤집어엎었다. 집 주위 빈 공간의 땅도 곡괭이질을 하고 비료를 뿌렸다. 하루 종일, 파헤쳐진 잔디에 묻은 흙을 털어내는 어머니의 모습은 잃어버린 장난감을 다시 찾은 아이처럼 마냥 해맑아 보였다. 그 모습을 지켜보는 아내의 얼굴에도 미소가 번졌다.

어머니에게는 그 어떤 비싼 선물보다 가치 있는 선물을 해드린

　　　　　　　　　　　　　　　　　나는 태도로 운명을 움직인다

것 같아 진정 기분이 좋았다. 또 어머니가 손수 지으신 먹을거리가 우리 가족 모두의 건강에도 도움이 된다면, 이 또한 얼마나 감사한 일인가. 무공해로 자라난 상치며 쑥갓, 고추, 들깨, 토마토가 영글 때 친구들과 직원들, 이웃들을 모시고 즐겁게 고기를 구워 먹고 정을 나누면 그 또한 얼마나 행복한 일인가. 이제 봄이 오면 우리 집 뜰엔 어머니의 발길이 더 잦아질 것이다. 흙을 뒤엎고 풀을 고르고 고랑을 잡아주느라 바빠지실 것이다. 이마에서 햇볕 한 줌을 훔쳐내고 잠시 맑은 하늘을 올려다보며 어머니가 말갛게 웃으실 것이다.

아픔만 한 거름이 어디 있으랴

죽음에 이르는 절망을 건너다

2009년 5월 23일 대한민국 16대 대통령 노무현 자살. 온 국민을 충격으로 몰아넣은 뉴스에 새벽잠에서 깨어난 민초들은 경악했다. 나도 모르게 "안 돼! 말도 안 돼. 이건 아니야!"라는 말이 독백처럼 튀어나왔다. OECD 30개국 중에 우리나라의 자살률은 불명예스럽게도 8년째 1위이다. 20~30대 자살이 많다고 하지만 요즘에는 70~80대 노인층의 자살률이 훨씬 높다고 한다. 경제적 빈곤 때문에 부모가 어린 자녀와 함께 자살하는 경우도 있다. 연예인 중에서도 이은주 씨, 유니 씨, 최진실과 최진영 남매, 안재환 씨, 박용하 씨, 김종학 씨 등이 자살을 하여 국민에게 큰 충격을 준 바

있다. 행복 전도사로 활동하던 최윤희 씨도 희망 대신 죽음을 선택했다. 유명 연예인의 자살은 많은 사람들에게 안타까운 일이지만 특히 가족에게 치명적인 상처를 남긴다. 최진실 씨가 죽자 동생 최진영 씨가 자살하고 또 이후에 그의 전남편인 조성민 씨까지 자살한 것을 보면 자살의 전염성을 무시할 수는 없다.

사실 누구나 한 번쯤은 죽고 싶다는 생각을 허봤을 것이다. 나 역시 그런 생각을 안 해본 것이 아니다. 그리고 한번은 실제로 자살을 시도해 죽음의 문턱까지 갔다가 겨우 살아 돌아온 적이 있다.

고등학교 2학년 마지막 봄방학은 나에게 악몽 중의 악몽이었다. 학교 목사님에게 새끼손가락을 베서 쓴 혈서까지 내밀면서 퇴학 처분만은 면하게 해달라고 애원했지만 결국 나는 거리로 내쳐졌다. 친구들은 모두 학교에 가는데 나는 갈 곳이 없었다. 학교에 지각하지 않기 위해 새벽부터 일어나 동네를 가로지르며 바삐 신문을 돌리고, 돈 되는 일이라면 창피함도 무릅쓰고 저녁 늦게까지 온갖 일을 마다하지 않았지만 이제 그럴 필요가 없어졌다. 내 주위에 아무도 나를 이해하고 도와줄 사람들이 없다는 것도 슬펐지만 무엇보다 이 세상에 나 혼자라는 사실이 미칠 만큼 싫었다. 아니 무서웠다. 나 자신이 영원한 패배자로 남게 될까 두려웠던 것이다. 자식들을 위해 힘들게 청상과부로 살아오신 어머니를 뵐 면목도 없었다. 며칠을 방황하며 고민해봤지만 더 이상 삶을 살아야 할 이유를 찾지 못했다.

집으로 돌아왔다. 20세대가 마주보며 한 칸의 부엌과 방으로 다

닥다닥 붙어 있고 공동 화장실을 써야 했던 집. 그래도 저녁이면 그 집에 가족이 다 모일 수 있어서 행복했다. 퇴학당한 것을 모르는 옆집 아줌마가 왜 학교 안 갔느냐고 물었다. 뭐라 드릴 말씀이 없어 그냥 미소로 대답하고 방으로 들어갔다. 대낮인데도 천장에는 쥐들이 뛰어다니고 있었다. 부엌 위 작은 다락방으로 올라갔다. 며칠 전 혈서를 쓰기 위해 산 칼과 응고된 피가 담긴 접시가 바닥에 놓여 있었다. 정리할 수 없는 생각들로 만감이 교차하고 어머니와 동생들의 얼굴이 오버랩되었다. 일찍 돌아가신 아버지를 처음으로 원망했다. '엄마 미안해'를 뇌까리며 얼마나 울었는지 모른다. 칼을 팔목에 올리는 순간 검붉은 피가 쏟아져 내렸다. 바닥에 드러누워 생각을 접고 눈을 감았다.

아픔을 거름으로 만드는 방법

얼마나 시간이 흘렀을까……. 나는 "이 어미를 용서해라"며 목놓아 우시는 어머니의 목소리를 들으며 서서히 정신을 차렸다. 팔목의 정맥이 완전히 끊어지지 않아 피가 어느새 멈춰 있었다.

"이 어미는 어찌 살라고 이러니……."

그날 난 흐느끼시는 어머니 품에 안겨 이런 다짐을 했다.

'이전의 나는 죽었어. 이제 난 예전의 나로 살지는 않겠어.'

그렇게 결심하는 순간, 살아 있다는 것이 감사했다. 생각해보면

나는 태도로 운명을 움직인다

그날 이후 나는 단 한 순간도 헛되이 보내지 않으려고 애썼던 것 같다. 지금에 와서 고백하자면 나는 학교에서 퇴학당한 이후 너무나 억울하고 분한 마음을 진정시키지 못해 식칼을 품고 학교로 찾아간 적도 있었다. 그때 나를 말려준 사람이 손하성 체육 선생님이셨다. 그분이 아니었다면 난 지금 이 자리에 있지 못했을 것이다. 그때는 정말이지 내 마음을 알아주지 않는 선생님이 원망스러웠고, 나에게 가혹한 학교와 이 사회가 지긋지긋했다. 미로 속에 갇힌 느낌. 아무도 없는 사막에 홀로 버려진 느낌. 그 속에서 도무지 희망을 찾을 수가 없었다.

그러던 내가 요즘은 종종 '희망의 전도사'란 별칭으로 자살 방지 강연을 다닌다. 주로 보호관찰소와 군대에서 초청을 하는데, 고등학생, 대학생들을 대상으로 하는 강연도 꾸준히 이어지고 있다. 강의를 할 때마다 그 초롱초롱한 눈빛들을 보며 '희망을 버리지 말라'느니 '삶을 긍정적으로 바라보라'느니 '아프니까 청춘'이라느니 하는 뻔한 말들은 하고 싶지 않았다. 다만 더 많이 살아본 나로서는, 자살 시도도 해보고 방황도 해볼 만큼 해본 나로서는 '아픔을 거름으로 만드는 방법'을 찾으라고 이야기해주고 싶었다. 누구에게나 산다는 것은 아픔을 견뎌내는 일이기 때문이다.

모든 사람이 나처럼 일곱 가지 태도를 바탕으로 일벌레처럼 하루하루 바쁘게 살 필요는 없다. 그저 내가 걸어온 삶이 이 글을 읽는 사람들에게 조금이나마 영감을 줄 수 있다면 좋겠다.

현각 스님은 "제일 좋아하시는 경은 무엇인가?"라고 묻는 기자에게 이렇게 답했다고 한다.

"순간경. 이 커피 향을 맡는 순간, 재즈를 듣는 순간, 걷고 이야기하고 시장에 가는 모든 순간들, 뺨에 스치는 바람을 느끼고, 친구와 악수를 하면서 감촉을 나누는 순간, 순간들……. 이 모든 순간, 순간, 순간……."

마지막으로 나 또한 여기에 빗대어 말하고 싶다. 눈부신 태양을 바라보는 순간, 피부에 와 닿는 산뜻한 바람을 느끼는 순간, 지친 내 몸을 방에 눕히는 순간, 그리고 이 글을 쓰는 순간, 내가 살아 있다고 느낄 수 있는 이 모든 순간에, 감사할 따름이라고.

2014년 2월 서교동에서

김태웅

나는 태도로
운명을
움직인다

1판 1쇄 인쇄 | 2014년 4월 10일
1판 1쇄 발행 | 2014년 4월 15일

발행인 | 김태웅
총   괄 | 권혁주
편   집 | 박지호
사   진 | 양재혁
마케팅 | 서재욱, 김홍태, 정상석, 장영임
         김귀찬, 왕성석, 김철영
제   작 | 현대순
관   리 | 김훈희, 이국희. 김승훈, 최국호

발행처 | 동양북스
등   록 | 제 10-806호(1993년 4월 3일)
주   소 | 서울시 마포구 동교로 22길 12 (121-842)
전   화 | (02)337-1737
팩   스 | (02)334-6624

http://www.dongyangbooks.com

Copyright© 김태웅, 2014

ISBN 978-89-98914-95-0 13190

＊잘못된 책은 구입처에서 교환해드립니다.

이 도서의 국립중앙도서관 출판시도서목록(CIP)은 서지정보유통지원시스템 홈페이지(http://seoji.go.kr)와
국가자료공동목록시스템(http://www.nl.go.kr/kolisnet)에서 이용하실 수 있습니다.
(CIP제어번호:CIP2014008743)